# 看视频学太极

# 二十四式太极拳

崔仲三◎编著/演示

青岛出版社
QINGDAO PUBLISHING HOUSE

# 推荐序

## 当代杨式太极拳名师崔仲三

周荔裳

早在20世纪80年代，我在《中华武术》工作期间，就知道北京杨式太极拳有位传人叫崔仲三。他的祖父崔毅士(1892~1970)老先生是杨式太极拳一代宗师杨澄甫的入室弟子，是杨式太极拳第四代传人。

（太极拳名师 崔仲三）

崔仲三先生，于1948年出生于太极拳世家，自幼随其祖父习练传统杨式太极拳，在其祖父——著名杨式太极拳名家、享有杨式太极拳“北崔（即北京的崔毅士）南傅(即上海的傅钟文)”的崔毅士先生亲自传授与严格教导下，他全面继承了传统杨式太极拳、械、推手等技艺，也继承了其祖父“拳架舒展大方、匀缓柔和、轻灵沉稳、刚柔相济、意在其中”的风范，深谙杨式太极拳技击之奥妙，且能深刻理解杨氏太极拳的原理。

他从9岁开始即在北京市的比赛中崭露头角，曾多次获得北京市武术和太极拳比赛冠军，斩获各种奖杯、奖牌。他后来又入中国体育的最高学府——北京体育大学深造，毕业后长期在北京市东城区体委和东城武术馆工作，曾任东城武术馆副馆长兼教练。

他是中国武术八段，中国武协特聘的太极拳教师，北京市武术协会的委员、理事，北京市西城区武术协会副主席，北京永年太极拳社社长。他曾应邀担任北京电视台《燕京武术大展示》栏目的主持嘉宾，是《中华武术》杂志举办的“中华武术大学堂”首期“太极拳名家讲堂”杨式太极拳的主讲教师，也是该杂志《专家答疑》栏目的特聘专家。

他热衷于太极拳的宣传和推广事业，曾多次接受北京电视台《名人坊》

栏目、山东电视台、《中华武术》杂志等媒体的专访。他经常获邀做有关太极拳的讲座，还经常到国内、国际的太极拳活动中作表演，并担任总指挥或总教练等。

为帮助太极拳习练者正确习练和理解杨式太极拳，他编写出版了《传统杨式太极拳教程》《太极刀》《学练二十四式太极拳和三十二式太极剑》《传统杨式太极拳》《传统杨式太极拳入门》《传统杨式太极拳体用图解》《16式太极拳》《18式太极剑》等著作。另外，《学练二十四式太极拳》还在中国台湾出版发行。他还录制了相关的杨式太极拳、械的多媒体光盘，受到了广大太极拳爱好者的欢迎。

为加强与世界各国太极拳界的交流，他曾多次应邀赴日本、美国开展杨式太极拳的教学活动，同时还热情地接待了来自日本、美国、法国、波兰、西班牙等国的太极拳工作者和爱好者，得到了大家的一致赞誉。

他那儒雅的气质，循循善诱的讲解，互动式的教学，轻灵沉稳的示范，使人们从这位杨式太极拳传人身上，得窥传统杨式太极拳之传奇魅力。

（崔仲三赴美国亚特兰大教学时与学员合影）

（杨式太极拳宗师 杨澄甫）

（杨澄甫宗师太极拳动作拳式）

以下是我对崔仲三先生的采访。

周荔裳（以下简称周）：崔老师，您好！听说您祖父是杨式太极拳第三代传人杨澄甫先生的入室弟子，并享有太极拳一代太极名家“南傅北崔”的崔毅士先生。您是崔老的嫡孙，能否谈一谈您祖父的情况？为什么他会享有“北崔”的美名？

崔仲三（以下简称崔）：我的祖父名崔立志，字毅士，1892 年出生于河北任县武岳村，1970 年在北京逝世。他受我曾祖父——一位善弄拳棍，尤善石锁、名扬四村的民间武师的影响，自幼酷爱武术。祖父曾向邻村老拳师、清末名镖师刘瀛洲习练三皇炮捶。我祖父与武式太极拳郝为真前辈的入室弟子——河北省邢台市的李香远（字宝玉）先生是挚友，常在一起切磋技艺，得以熟知开合（武式）太极拳技。因而，他所推广的传统杨氏太极拳套路的起势就吸取了武式太极拳的特点。

我祖父是15岁以后才来北京继承祖上遗产的（经营一家建材商店），这个店坐落在北京东安门大街，即今天北京有名的王府井大街附近。当年杨式太极拳杨澄甫宗师在中山公园“行健会”带领弟子们习拳、练剑和推手。1909年，我祖父慕名拜杨澄甫先生为师，成为他的入室弟子。为了学好杨式太极拳，他每天总是早早出门，很晚才回家，风雨无阻，时时伴随在澄甫宗师左右。1964年，澄甫宗师的夫人应我祖父之邀到京旅游住在我家时，曾和我祖父、祖母一同回忆当年在京城居住时的情景以及澄甫宗师在中山公园“行健会”带领弟子们习拳的热烈场面。

由于祖父精心习拳，潜心练功，杨氏太极拳、刀、剑、大杆（枪）、推手、大捋无不得杨师之

真传，功底深厚，造诣精深，尤其擅长太极推手，深得澄甫宗师的器重，曾随澄甫宗师南下南京、上海、杭州、汉口、广州等地授拳。与澄甫宗师的朝夕相处，使祖父深得杨式太极拳之真髓，从而享有“北崔南傅”之美誉。

此后，祖父又独自先后在南京、武汉、万县、西安、兰州、蚌埠、合肥、北京等地授拳。在他六十多年的练功及授拳研修过程中，祖父不仅完全继承了杨师当年授拳时的“以明规矩而守规矩，脱规矩而守规矩”的作风，而且以毕生精力修炼杨氏太极功夫，治学严谨，技艺精湛，善化善发；出手绵软，柔中寓刚；轻灵机敏，虚实分明；听之至细，动之至微；引之至长，发之至骤。凡身受其技者尚未觉其动，而早已腾空跌出丈外，令人惊叹折服。

祖父久居北京，广交武林朋友，长期在中山公园古柏树荫下授拳。为利于太极拳爱好者交流技艺，研讨问题，祖父于50年代初期建立“北京永年太极拳社”并亲任社长。后来，祖父曾长期担任北京市武协委员。

祖父在教学中态度严谨、一丝不苟，对“教”与“练”要求都很严格，深得学员赞誉。毕生的练功和授拳研修使他的技艺达到了炉火纯青的地步。舒展大方、匀缓柔和、轻灵沉稳、刚柔相济、结构严谨、浑厚庄重是杨式太极拳的特点，祖父不仅继承了这些特点，其拳势宽大、柔绵而舒展，别具一格，使传统杨氏太极拳技艺日臻完美并得到进一步的发展，故享有“崔派太极”之美誉。

在练习方法上祖父强调科学性、整体性、连贯性、圆活性和内外身心的统一性，进而达到身姿端正自然、不偏不倚、舒展大方、旋转灵活、以腰为轴、完整贯穿。从起势到收势，

（太极拳大师 崔毅士）

（崔毅士大师太极拳动作拳式）

衔接一气，上下表里犹如一线贯通。势断意不断，衔接和顺，周身完整。动作沉稳中带有轻灵，但轻而不浮；动而不急，静而不僵，即所谓“轻而不飘，沉而不僵”。外柔内实，柔中寓刚，绵绵不断。不论虚实、起伏变化都是式式相连，犹如行云流水，没有丝毫停顿间断之处，更没有忽急忽缓带有棱角之弊。

祖父强调习练时要在意识的引导下，呼吸应匀细深长，气沉丹田，运劲应如抽丝，迈步应如猫行。只有心静，才能做到“用意不用力”。只有在宁静的情绪下，身体才能端正放松，意识、呼吸、动作才能做到三位一体，密切结合，才能进行有节奏地练身、练意、练气。太极拳乃是内外兼修、形神合一、动静结合、上下相随的高级行为的运动方式。太极拳不同于其他运动，实乃从精神到形体都是一种柔和的运动。

祖父毕生致力于杨式太极拳的研修和普及工作。1956年中央新闻电影制片厂曾对他进行过专题报道。1964年在传统杨式太极拳基础上，他创编了一套简单易学更适宜工间进行练习的“杨式简化四十二式太极拳”。此套路保留了传统套路的风格、特点和动作精华，删减了重复动作，融入了祖父数十年的理解和体会，改进了太极拳势的结构与动作方法，使新编套路更具短小精干、再现风韵、清新流畅、简单易学的特点。此套路推出后，受到广大太极拳爱好者的欢迎，至今仍在海内外广为流传。后来，他又根据其数十年练拳的体会，创编了“杨式太极棍”，为发展太极拳运动做出了卓越的贡献。

祖父一生为人淳朴善良，忠厚处世、耿直，讲求武德、重义轻利，谦

虚、热情，好交朋友。当年武术界的老前辈、太极拳名家尚言庸，花拳名家宋德泉及其子、当代花拳名家宋志平和宋坤英也住在附近，他们都曾是我们家里的座上宾。

中华人民共和国成立后，祖父与京城的武林界人士仍然保持着密切联系。当年，北京的太极拳名家李天骥，八卦掌名家陈紫江，形意拳名家骆兴武、王达三，吴式太极拳名家杨禹庭，陈式太极拳名家田秀臣、孙枫秋，三皇炮捶名家李尧臣，孙式太极拳名家孙剑云等，也都是我家的常客。

每年大年初一，祖父如同往日一样到中山公园授课。每到这时，应学生们的要求，祖父就与弟子吉良晨、张海涛、杨俊峰、李鸿、黄永德等演示太极推手。弟子们轮番上阵，祖父就以他擅长的肩、腕、肘把他们“发”出去，一“发”就是几米开外，围观的人群无不为之赞叹，喝彩声、赞叹声不绝于耳。

祖父一生从其学者不计其数。在众多从学者中有入门弟子三十余人，如和西青、吴文考、吉良晨、杨俊峰、刘高明、张海涛以及滕茂桐、朱习之、王守礼等。其中不乏党政、军要员，如人民解放军海军原司令萧劲光、中共中央宣传部原副部长周扬、中共中央顾问委员会原常委王首道等；还有文化界著名人士，如著名作家丁玲、周立波，著名演员金山、侯喜瑞，著名画家李可染等；也有不少驻华使节、外国客人；更有工人、农民、学生等普通百姓，真可谓有教无类，桃李满天下。

**周：您能不能谈一谈您祖父是怎样培养您对太极拳的兴趣的？**

**崔：**祖父对我们的教育和传授拳术都是极为严格的。当年我家住在东华门，我清楚地记得我和我姐姐崔仲萍刚学拳时，祖父先给我们“说拳”（即示范和讲解），然后由祖母带我们练习。我的祖母高云景一年四季风雨无阻，几乎天天早晨不到5点钟就起床，先在我家庭院中走上几百步，然后就扶着院子里的树干左右各踢腿上百次，然后才开始练拳，一练就是几趟。1986年，《北京晚报》曾以《四世同堂——太极之家》为题对我们家庭进行报道。

当年祖父住的房间很大，这个房间也成了祖父教拳的场所。我当时年幼，祖父为了培养我的练拳兴趣，经常将买来的一串冰糖葫芦插在桌子上，让我顺着房间练一圈搂膝拗步，每练完一圈就吃一粒红果，一串冰糖葫芦吃完了，几百个搂膝拗步动作也练完了。现在想起这些事来虽然觉得有些可笑，但我由此打下的扎实的基本功和掌握的动作要领，将受益终生。为此，从1980年到北京市东城区体委工作至今，我都在致力于祖父未竟事业，致力于太极拳的推广普及活动，为继承和发扬杨式太极拳运动尽自己的一分力量。

每逢有叔叔伯伯来我家向我祖父学拳时，祖父也会让我跟着学。为了增加臂力和爆发力，几乎每天晚上我姑母、吉良晨叔叔等都要练抖杆（一根3米开外的白蜡杆）上百次，然后再对扎百个回合。每当这时，祖父总会叫我去听一听、看一看、练一练。

（前排左起：傅钟文、崔毅士、牛椿明、刘东汉、李雅轩，后排左四：崔仲三）

**周：如何处理传统太极拳与简化二十四式太极拳及太极拳竞赛套路的关系？**

**崔：**简化二十四式太极拳及太极拳竞赛套路都是为了适应现代人的生活节奏和参与人员众多的特点，以及从事太极拳锻炼的目的多是为了健身或竞赛的需要，在传统太极拳经典套路的基础上编创的。

所谓“简化太极拳”，首先需要正确理解“简化”二字的含义。这里所说的“简化”，是相对于中国传统太极拳套路的动作数量而言。如：传统杨式太极拳就有一百零八式、八十五式等套路的传播。简化二十四式太极拳套路就是在传统杨式太极拳具有代表性的动作基础上编创而成的，只是在动作数量上的简化。在太极拳的理论、动作要领、动作规范（格）以及演练方式上并没有“简化”。虽然为了适应广大太极拳爱好者习练太极拳只是健身的需要，简化二十四式太极拳的动作就有“后坐跷脚，抱球收脚”的身体重心的移动缓冲和附加支撑的动作出现，克服了初学者由于腿部力量不足而产生身体左右晃动、突臀的弊病，但不能简单、片面地理解为“一简，就全简”。简化二十四式太极拳是普及型、推广型的套路。既是单独的套路，又可以理解为继续深造的基础，所以它在演练形式、动作的具体要求与传统太极拳有所不同。

太极拳竞赛套路的出现，是时代的需要，是在中国传统太极拳术的基础上的再创造。竞赛套路保留了传统套路的风格特点，但增加了动作的难度和可比性，有利于太极拳技艺的公平竞争。传统太极拳与竞赛太极拳是相辅相成的关系，是不同的表现形式，是“古为今用”的体现。现代的太极拳竞赛套路更注重于技术、技巧的编排和演示，追求的是动作的难度和技巧。而传统太极拳更突出动作的技击性和攻防等特点，更注重于太极拳术的神韵、风格、劲力。太极拳竞赛套路在动作外形演练的同时，更要突出“内在的修养”，以期达到“内外兼修”的目的。因此，传统太极拳术是根，是本，是源。

太极拳套路的练习不仅仅是肢体动作的模仿，而是在练习的过程中，逐渐理解其中的内涵。所以太极拳也被人们称之为“悟拳”，即需在练习过程中去认真“体悟”“感悟”太极拳所包含的道理。传统太极拳的练习要求为“用意，不用力。”“意”字当先，所谓“意”就是所思、所想，有了思想就要有所表现。“不用力”不可理解为没有气力，没有力量，没有支撑，动作软塌无力；而是要有内在的支撑，人体所具有的、自然的、本能的支撑，动作饱满。此处的“力”绝不是笨拙之力，也不只是外在力量的表现。只有真正明白了这些道理，才能真正练好传统太极拳。

简化二十四式太极拳与传统杨式太极拳在动作规格上也不尽相同。譬如：二十四式太极拳中的“左抱球收脚”的动作，左腿为支撑腿，承受身体大部分体重，而右脚是点收在左脚内侧。这个“点收”，很多人片面理解为，脚尖点地，就像芭蕾舞的动作，是虚点（如图1，错误示范）。这种理解是不正确的。所谓的“点收”是相对于左脚而言，因为左脚是全脚掌踏地，是脚踏实地。右脚应是“前脚掌踏地”，是附加支撑（如图2，正确示范）。不同的理解，就有不同的动作表现，而它的含义却完全不同。

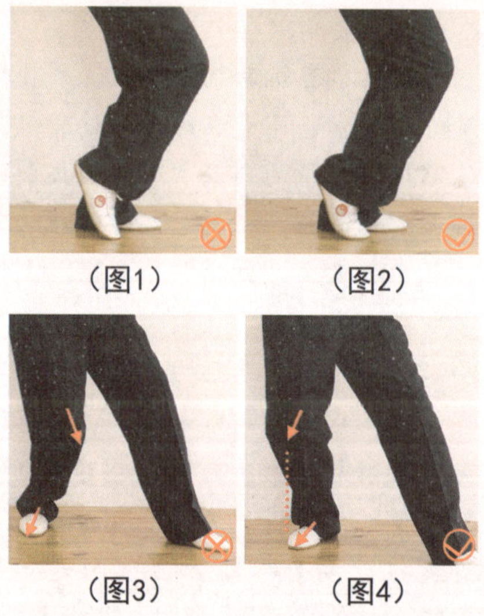

（图1）　（图2）

（图3）　（图4）

有的练习者反映练习太极拳后，往往有膝关节痛的感觉。这主要是因为动作常年做得不正确造成的。譬如：“左虚步”动作中，右腿为支撑腿，左脚为虚步。很多练习者在完成动作时，没有想到右腿膝关节的方向问题（如图3，错误示范），明显的是右膝关节与右脚尖不在同一方向，造成右膝关节副韧带损伤，时间长了，就会产生不好的结果。正确的动作姿势是：要做到右膝关节与右脚尖方向一致（如图4，正确示范），使右腿的股四头肌得到锻炼，就可减轻膝关节承重的压力，才能达到增强腿部力量的效果。

传统杨式太极拳对于身体和脚转动的角度有非常严格的要求。简单地讲，就是以45°为基本的转动单位。因为太极拳的套路方向有前、后、左、右、左前、左后、右前、右后8个方位，即所谓的“四正四隅”。所以在传统杨式太极拳的练习中，后脚与前进方向的夹角始终要保持在45°的方位，因为45°的角度符合人体力学的要求，是动作变化的枢纽，能起到非常好的连接作用。双脚的横向距

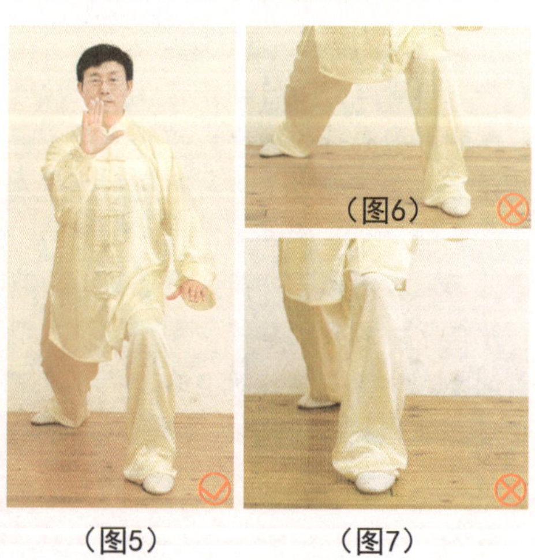

（图6）

（图5）　（图7）

离，也不可超过本人的肩宽（如图5，弓步正确示范）。横向距离太宽（如图6），力量分配就会不合理，动作显得零散。横向距离太小（如图7），身体重心不易把握，极易产生偏移。

只有正确理解动作的含义，才能做出高质量的动作。如："迈步如猫行"，是形容太极拳步法变化中要体现出"轻、稳、灵"的动作理念。

"轻"，就是迈出的动作过程要缓慢，提脚要轻，脚与地面接触的瞬间，落地也要轻，要做到轻提、缓做、慢放，要体现出有意识的控制。

"稳"，就是支撑腿的膝关节要保持稳定，身体重心的移动要平稳，动作姿势没有明显的起伏。所以"稳"是轻的基础，是根本。

"灵"，就是动作效果，只有"轻"和"稳"协调配合，"灵"才能体现。迈出的脚不是脚的边缘落地（如图8，错误示范），而是"后脚掌踏地"（如图9，正确示范），这是传统杨式太极拳迈步的精华所在。如果脚的边缘落地，脚与地面基本上成90°，没有力度，对地面没有一定的压力，势必造成踝关节的紧张，膝关节的挺直，会导致髋关节的运动受阻，产生突臀、左右歪髋的弊病。如

（图8）

（图9）

果是"后脚掌踏地"，脚与地面形成的夹角不超过60°，"踏"是支撑，有力度，对地面有一定的压力，产生的动作效果就截然不同。踝关节可以自然放松，膝关节自然微屈，髋关节就相当灵活，就可以达到"松腰沉髋"的目的。由于支撑腿的稳固，可以使得迈出的脚瞬间进行转换，或继续做弓步，或及时后退，可以灵活变化。

注：此篇采访录已经在美国《太极》杂志连载。

# 目录 Contents

# 二十四式太极拳简述

二十四式太极拳创编于二十世纪五十年代，是以传统杨式太极拳的理论为基础，借鉴传统杨式太极拳的动作为蓝本而编创的太极拳套路。初期被称为“简化二十四式太极拳”，随着不断地普及开展，二十世纪八十年代以来逐渐被称为“二十四式太极拳”。

二十四式太极拳的动作是按照由简到繁、由易到难、循序渐进的原则进行套路的变化安排。二十四式太极拳的套路结构特点是：动作简洁、易学、易练、易记，更加符合当今的生活节奏，是学习太极拳必修的课程。二十四式太极拳的动作特点和风格保持了浓郁的杨式太极拳的韵味，动作舒展大方，动作间衔接圆活连贯，劲力轻灵柔和，似行云流水，整套动作气势腾然。

二十四式太极拳套路中弓步、退步、侧行步的反复出现，增强了练习者的腿部力量；身体重心的不断移动增强了练习者的平衡能力；双臂与双掌的运转在“沉肩坠肘、松腰沉髋”的动作要领要求下，使身体关节润滑，起到了预防关节疾病的作用；“立身中正、虚领顶劲”的要求，使得练习者的体态更加挺拔、匀称；“以意带动”的动作要领有利于脑部的开发；“气沉丹田”的要求，有利于肺部气体的交换；“一动无有不动”的意识，更有利于练习者协调能力的提高。

“用意不用力”是太极拳练习时的主导思想。“用意”，就非常明确地指出太极拳是思维拳术，通过思维来引导动作的体现。所以说太极拳是思维拳，太极拳是悟性拳，太极拳是哲理拳。“不用力”是指在动作过程中不是蛮力、拙力的表现，而是内在力的支撑，同样也有技击用法的含义在内。我们在练习的时候，是通过意想的方式进行一种虚拟的攻防动作演练，以期达到最佳的练习效果。

为了便于广大练习者加深对二十四式太极拳动作的理解，本书特意增加了教学口令、动作练习口诀和技击含义。而动作方向的描述则假设练习者面向南方，有利于练习者在学习过程中动作方向的准确把握。

本书动作叙述依据20世纪50年代人民体育出版社版本。

# 二十四式太极拳动作规格

## 一、手型

### ❶ 掌

**掌型要求：**五指分开，自然舒展，掌心微内含，虎口自然撑圆，呈圆形，掌指的第一指关节要在同一平面，掌指富有弹性。是典型的自然掌型。

**它的部位包括：**掌指、掌心、掌根、掌背、大鱼际、小鱼际。（图1）

「套路练习时，不同的动作所体现掌的部位不同，劲力点表现的部位也不同，这需要慢慢揣摩。」

（图1）

###  拳

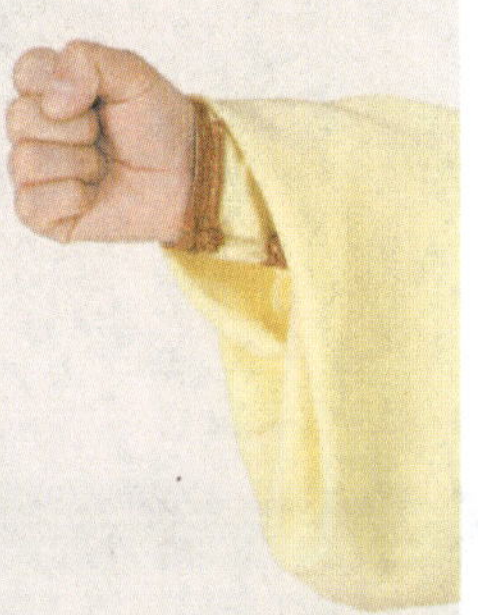

**拳型要求：**四指并拢，逐渐向掌心卷曲，拇指压于食指和中指的第二指节上。握拳不可太紧，拳面要平。

**它的部位包括：**拳眼、拳心、拳背、拳面、拳轮、拳峰。（图2）

「套路练习时，不同的动作所体现拳的部位不同，劲力点表现的部位也不同，这需要细细体会。」

（图2）

### ❸ 勾

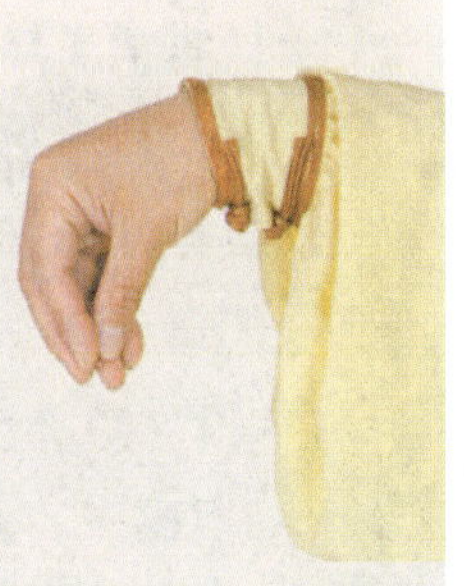

**勾手要求：**掌心内含，五指第一指关节自然捏拢、屈腕。

**它的部位包括：**勾背、勾面、勾尖、勾心。（图3）

「套路练习时，特别要注意虽然是，屈腕握勾，但腕部要自然，呈自然弧形，不可用力折腕。表现出劲力点的部位在勾背，这需要用心感受。」

（图3）

## 二、拳法

**贯拳：**两拳自下经体两侧，两小臂内旋向前圈打，与耳同高，拳眼斜对，两臂成弧形。力达拳眼。（图4）

**搬拳：**屈臂俯拳，自异侧而上，以肘关节为轴前臂翻至体前或体侧，拳心朝上，臂成弧形。力达拳背。（图5）

**藏拳：**拳收至腰间，拳心朝上，拳面朝前。（图6）

**冲拳：**拳自腰间立拳向前打出，拳面朝前，拳眼向上，高不过肩，不低于胸，力达拳面。（图7）

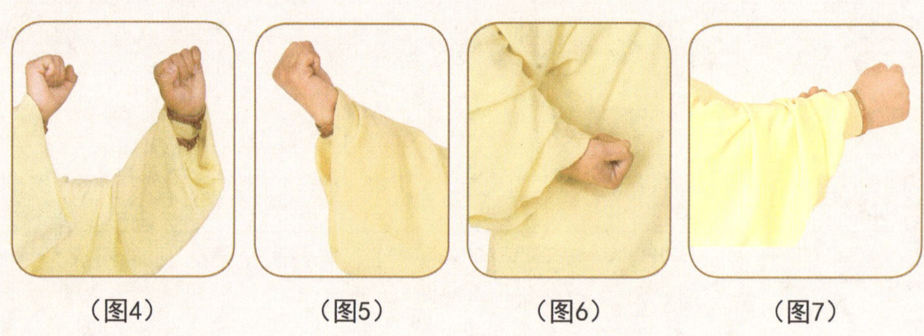

（图4）　（图5）　（图6）　（图7）

## 三、掌法、臂法

**单推掌：**一臂屈收，立掌虎口经耳侧向前推出，掌心向前，掌指向上，掌指高与鼻平。

**双按掌：**双掌自胸前同时向前推出，掌心朝前，掌指向上。

**搂掌：**掌自异侧经体前弧形下搂至膝关节外，掌心向下，掌指向前。

**单分掌：**一掌由身体一侧由下向另一侧上分出，掌心向外，掌指向上。

**拦掌：**立掌；由体一侧向另一侧平摆，掌心朝异侧，掌指向上。

**双分掌：**立掌；两掌屈臂交叉于胸前，两臂内旋经面前弧形向左、右平分开，两掌高与两耳平，两掌心朝外，掌指向上。

**云掌：**两掌在体前上下交替呈立圆运转。

**架推掌：**一掌手臂内旋，掌自下向前上架至头上方或侧上方，掌心朝外，掌高过头；另一掌立掌向前推出，掌心朝前，掌指向上，双臂成弧形。

**插掌：**一掌自上向前下方弧形下插，掌心朝异侧，掌指向前下方。

**挑掌：**侧掌自下向上屈臂挑起，掌指向上，虎口撑圆，掌指与鼻平。

**撑推掌：**一掌向前推出，掌心侧向前，掌指向上；另一掌掌心朝外，掌指侧向前，向外撑出，双臂成弧形。

**合抱掌：**双臂相合，掌心相对。

**掤：**一手屈臂横肘成弧形于胸前，掌心向内，高不过肩；另一手按于体侧，掌心朝下，掌指向前。

**捋：**两臂成弧形，双掌心相对，由体前向身体侧后摆动。

**挤：**一臂屈于体前，掌心向内，另一掌附于屈臂手的腕部，掌心向前，掌指向上，双臂成弧形，高不过肩。

**按：**双掌心向下，自上而下为下按掌，掌指向前。

## 四、步型、步法、腿法

**弓步：**一脚全脚掌落地踏实，屈膝前弓，膝部不可超过脚尖；另一腿自然蹬直，膝关节微屈，脚尖内扣，与前进方向成45度，两脚横宽距离不超过本人肩宽。（图8）

**仆步：**一腿全蹲，膝关节与脚尖稍外展；另一腿自然蹬直，平铺接近地面，脚尖内扣。（图9）

**虚步：**一腿屈膝半蹲，全脚踏实，脚尖与正前方成45度，膝关节与脚尖在同一方向；另一腿微屈膝，前脚掌或后脚掌踏地。（图10）

（图8） （图9）

（图10）

（图11）

**坐步：**一腿屈膝支撑，重心在支撑腿，脚尖、膝关节与前进方向成45度；另一腿自然蹬直，膝关节微屈，双脚踏实，双脚横向距离不超过本人肩宽。（图11）

**并立步：**身体自然直立，双脚并拢，脚尖朝前。

**开立步：** 两脚分开，屈膝下蹲或直立，两脚外缘与肩同宽。

**上步：**一腿屈膝支撑，另一腿经支撑腿内侧向前迈步，脚跟先落地，身体重心前移，屈膝向前弓出，膝关节不超过脚尖。

**跟步：**一腿屈膝，身体重心前移，另一脚向前跟半步，前脚掌踏地。

**退步：**一腿屈膝支撑，另一腿经支撑腿内侧后退一步，前脚掌踏地，随身体重心后移，全脚掌落地踏实，脚尖、膝关节与前进方向成45度。

**收脚：**身体自然直立，一腿屈膝支撑，另一脚提收于支撑腿脚内侧，前脚掌踏地。

**展脚：**一脚以脚跟为支撑点，脚尖向外转动。

**扣脚：**一脚以脚跟为支撑点，脚尖向内转动。

**独立步：**一腿自然直立支撑，另一腿屈膝提起，膝关节高于水平，脚尖自然下垂。

**蹬脚：**一腿直立支撑，另一腿屈膝提起，脚尖上翘，以脚跟发力蹬出，腿自然伸直，脚不低于腰部。

## 五、身型

**头：**虚领顶劲，下颌微收，不可偏歪或摇摆。

**肩：**保持松沉，不可后张或前扣。

**肘：**沉坠下垂，自然弯曲，不可僵直或扬起。

**胸：**自然舒松，微内含，不可外挺或内缩。

**背：**自然放松，舒展拔伸，不可弓背（驼背）。

**腰：**自然放松，不可后弓或前挺。以腰为轴带动四肢。

**脊：**保持自然伸直，不可左右歪斜，前俯后仰。

**臀胯：**臀要下垂收敛，不可后凸，胯不可左右歪斜。

**膝：**伸屈要柔和自然，膝关节要与脚尖同向。

**眼：**目视前方或动作的方向，做到精神贯注，势动神随，神态自然。

## 六、武术礼节

### ❶ 抱拳礼

此礼为晚辈（或学习者）向长辈（或老师）行礼的方式。施礼者并立步，自然直立，右手握拳，左手拇指屈拢，四指并拢伸直成掌。双手从体侧向胸前合抱，两小臂微内旋，两臂撑圆，平拳于胸前，左掌心贴于右拳面，双肘不可扬起，目视受礼者。

### ❷ 注目礼

此为长辈（或老师）对晚辈（或学习者）还礼的方式。施礼者并立步，身体自然直立，目视受礼者。（图12）

（图12）

### ❸ 点首礼

此为长辈（或老师）对晚辈（或学习者）还礼的方式。施礼者并立步，身体自然直立，目视受礼者，点头示意，身体保持中正。

# 太极拳的练习模式

在太极拳的日常练习过程中，我们有许多种练习方式，可以对太极拳套路的记忆和动作的理解起到很好的作用。下面简单介绍一些练习方式，供您参考。

## 1 静式练习法

就是把太极拳套路中的一些动作，进行单式的练习。练习时间要相对长一些，动作架势要大一些，这样就有充分的时间去考虑和理解动作的规格，去细细品味太极理论的要领。

## 2 分段练习法

就是把套路中练习者本人所认为的一些不太理解和记忆模糊的段落进行反复的练习，以期达到加深印象、加深理解的目的，为全套动作的演练打下良好的基础。

## 3 组合练习法

把套路中一些难度比较大的动作有机地组合到一起，有针对性地进行练习。这种练习法对于拳术技艺的提高，起到相当好的作用。

## 4 默式练习法

利用一定的时间，把自己所要掌握的动作套路，像电影一样在脑海中过几遍。虽然没有肢体的动作，但是同样可以起到对套路、动作加深印象和理解的作用。

## 5 套路练习法

把拳的套路进行整套练习。在演练过程中把练习者本人对太极理论的理解、动作规格的掌握，通过套路充分地表达出来。

## 6 快速练习法

在最短的时间内，以较快的速度把自己所要掌握的动作套路进行演练，可以起到增强记忆的作用。

# 太极拳的练习要求

## ❶ 恰到好处

杨式太极拳对于动作的规范要求相当严格，不可有半点马虎之意。每个动作能否到位，直接关系到整套拳术的质量。如果说“恰到好处”，是指动作外形而言的话，这里指每个动作要到位。动作位置的高低、上下，左右动作的对称，身体重心平衡的掌握，肩肘的松沉，步幅的宽窄等，这些直观的动作外形，处处都体现出动作的尺度、分寸。

## ❷ 留有余地

杨式太极拳能否动作到位，“劲力”的表现就是一个非常重要的课题。杨式太极拳的练习需要用力吗？很多人误解为“软软绵绵”就是太极拳。的确，杨式太极拳的动作要求缓慢、圆活、连贯、柔中寓刚，这些动作外形的规范为太极拳的神韵已经打下了非常坚实的基础，而“留有余地”就是内在力量体现分寸的把握。动作到位，内在力量的支撑也要适度。不可过，更不可不及。不是完全的释放，更不是无谓的收敛。

## ❸ 随曲就伸

随曲就伸，是杨式太极拳理论中的一个经典。通俗地讲，在能够理解和做到“自然放松”的基础上，才能体会“随曲就伸”的境界。曲、伸，是杨式太极拳动作套路中的肢体变化，但是要做到“曲中有伸，伸中含曲”，并非一日之功。首先要解决松的问题。松不等于懈，不是软塌无力。松是在自然挺拔的状态下，使得肢体关节和顺，有自然支撑的体会和感觉。只有在这种状态下才可以体会到舒展之中孕育着紧凑、紧凑之中蕴涵着舒展、屈伸自如、随曲就伸的境界。

## ❹ 富有弹性

杨式太极拳的练习不仅仅要做到肢体动作的协调，动作的屈伸转换，更要注重动作劲力的变化。练习杨式太极拳必须长时间熟练套路、品味动作，力求正确地表现动作，这实际上就是去僵求柔的过程，只有在这个阶段才能体会到“弹性”的出现。四肢和躯干之间存在一种自然

而协调的屈伸。随着动作的变化，在不经意当中，上肢在不断地进行着屈伸调整。由于动作劲力的变化，掌指也在微微地进行曲张。随着腿部力量的增减，双腿的膝关节都保持在合理的、自然的弯曲状态。四肢与躯体之间，整体与地面之间都富有弹性，是一种弹簧伸缩之间的感觉。

### 5 三圆一正

杨式太极拳的动作要体现出虎口圆、掌心圆、裆圆的三圆动作特点。杨式太极拳对于掌型的要求是极其严格的，其中“虎口自然撑圆”是杨式太极拳最大的特点，虎口的圆形，有利于“劲力”的体现和运用，有利于劲力的蓄和发，更有利于实际的运用。掌心圆，更能体现出杨式太极拳的虚实变化。掌指的屈伸，孕育着劲力的变化，也是内力的体现。裆圆，更是杨式太极拳腰髋松沉的体现。只有松腰髋，身体的重心才能沉稳。

一正，也就是立身中正，这是杨式太极拳之根本。只有中正的身形，才能体现出腰为主宰的理论。

### 6 曲线与圆

杨式太极拳的套路结构就是以圆和曲线的运动轨迹为主，在练习过程中要处处体现和贯穿整体。双臂要成自然弧形，似直非直，似曲非曲。在做弓步动作时，前腿膝关节不可超过脚尖，以避免膝关节受损伤。尤其是后腿的膝关节都要保持自然弯曲的状态，膝关节与后脚尖的方向都要保持在45度的同一平面。尤其是双手的动作轨迹，处处呈现出圆的概念，不仅动作形态美，更有利于内力的积蓄与变化。

### 7 劲与劲儿的不同

杨式太极拳讲究劲力，但是“劲”与“劲儿”是截然不同的状态。在字典中对于“劲”的解释为“力量的体现”。但是“劲”加上儿音，就成为“劲儿”，是富有变化的，带有弹性的，轻灵的。从字面上给人的感觉，也显得轻松了许多，丝毫没有造作、笨拙之感。确也如此，有些人刚开始练习杨式太极拳，总是松不下来，自我较劲，身体有说不出的别扭感觉。但是经过一个时期的磨炼，细心地体会和揣摩，你会发现动作自然了，呼吸平稳了，感觉舒服了。在练习过程中能够有分寸地把握力量，体会每个动作之间力点的转化，在圆活、连贯的意识下将其巧妙结合起来，这就是平常所讲“除僵力，练巧劲”，从而体会劲与劲儿的真正区别。

# 学习太极拳的秘诀

现代人的工作、生活节奏都比较快。往往一些人想学练太极拳，但总苦于没有一段相对稳定的时间，因而感到力不从心。其实我们只要掌握了正确的学习方法，还是能提高学习效率的。习者应遵循先简后繁、先易后难的原则，循序渐进地来学习。当老师讲课时，习者一定要按照一看、二想、三模仿的模式进行学习，否则欲速则不达。具体讲：

**一看：**认真观看老师的动作示范，不要急于模仿。掌握动作的规格也就是动作的准确外形，形成一个直观的概念。

**二想：**在仔细观看的基础上，去想、去分析动作的结构过程，理解每一个分解技术动作的前后顺序。就像动画片一样形成一些独立的画面。

**三模仿：**在看、想的基础上，把头脑中独立的动画画面进行串联并开始试做，模仿动作的全过程，同时根据个人的具体情况提出一些有针对性的问题，反复地练习基本动作技术，达到全面准确的理解。

所以，无论是直接与老师学习还是看光盘学习，我们遵循了以上的学习方法，就能达到较好的学习效果。自然，要想很好地把一个套路做好，除了要把每个动作规格记住，还需要有不断揣摩的精神，要下功夫去体会、去领悟动作的感觉和动作之间的衔接，形成正确的概念，这就为提高太极拳运动水平打下了扎实的基础。

# 二十四式太极拳动作名称

预备式

一、起 势
二、左右野马分鬃
三、白鹤亮翅
四、左右搂膝拗步
五、手挥琵琶
六、左右倒卷肱
七、左揽雀尾
八、右揽雀尾
九、单 鞭
十、云 手
十一、单 鞭
十二、高探马
十三、右蹬脚
十四、双峰贯耳
十五、转身左蹬脚
十六、左下式独立
十七、右下式独立
十八、左右穿梭
十九、海底针
二十、闪通臂
二十一、转身搬拦捶
二十二、如封似闭
二十三、十字手
二十四、收 势

## 预备式

### 动作 1

身体自然直立，两脚尖向前，成并立步，双掌心向内，轻贴两腿外侧，眼向前平视。（图0-1）

**教学口令** 身体直立。

**动作方向** 身体面向南方。

**动作要领**

①头正直，下颌微收，手指微屈。

②立身中正，精神集中。

（图0-1）

**【动作诠释】**

俗话说“万事开头难”，太极拳的练习也是同样的道理。虽然预备式的动作看起来极其简单，但对于整套动作、身型、身法的变化和演练起到至关重要的作用。

预备式主要强调的是“自然”两字，身体自然直立，两臂自然下垂。动作外形自然放松、舒展，必然导致呼吸自然放松，同时，也使得精神更加集中。“两肩放松、收腹敛臀、含胸拔背”，使自己处于一个内在的精神和外形的姿态都平和自然的状态，同时也避免了由于精神紧张所产生的双臂紧夹身体，耸肩，身体僵直，身体前俯、后仰、歪斜，挺胸，凸腹，突臀等错误出现。

按身体顺序部位来讲，预备式的要领为：头顶悬，眼平视，口微开，颌要收，肩放松，腋要圆，肘要撑，腕要舒，掌要松，胸要含，背要拔，腰要沉，髋要松，腹要收，臀要敛，膝要屈，踝自然，足要重。

**⊗易犯错误**

① 身体前俯后仰，双肩耸起。

② 挺胸突臀，双腋紧夹身体。

**【动作口诀】**

身体直立自然放松，精神提起意贯中。

## 第一式 起势

### 动作 1

接上式，身体重心放在右腿，首先左脚跟轻轻提起，然后左脚向左迈步，前脚掌先落地，再全脚掌落地踏实，双脚与肩同宽，双脚尖向前，成开立步，眼向前平视。（图1–1、1–1背面）

**教学口令** 双脚开立。

**动作方向** 身体面向南方。

**动作要领**

① 左脚迈出要前脚掌先踏地，随重心移动，再过渡到全脚掌着地踏实。

② 立身中正，精神集中。

**易犯错误**

① 身体前俯后仰，双肩耸起。

② 挺胸突臀，双腋紧夹身体。

（图1–1）　（图1–1）背面

**动作 ❷**

两臂由体侧向前慢慢举起，与肩同高，双臂与肩同宽，掌心向下，掌指向前，眼向前平视。（图1-2）

**教学口令** 两臂平举。

**动作方向** 身体面向南方。

**动作要领**

① 立身中正，两肩松沉，双肘微下垂，掌指微屈。

② 其他要领同预备式。

**⊗易犯错误**

双肩耸起，挺肘，上体前俯。

（图1-2）

### 动作 ③

两腿慢慢向下屈蹲，同时两掌下按落至腹前，掌心向下，掌指向前，眼向前平视。（图1–3、1–3侧面）

**教学口令** 屈膝按掌。

**动作方向** 身体面向南方。

**动作要领**

① 双腿屈蹲幅度适宜，成半蹲状。

② 身体正直，敛臀直背，掌指微上翘。

③ 两肩松沉，肘与膝相对，按掌、屈蹲动作协调完成。

**⊗易犯错误**

① 耸肩，突臀，弓背。

② 屈膝与落手动作脱节。

（图1-3）

（图1-3）侧面

## 起势

**【动作连贯示意图】**

①

②

③

**【动作诠释】**

起势动作是在预备动作的基础上，保持身体正直、呼吸自然的状态。重心于右腿，左脚跟微提起，左前脚掌踏地，虽然动作幅度相当小，但身体要保持中正，左脚跟微提起时身体外形不可有起伏变化，仍然要做到两肩放松、收腹敛臀、含胸拔背的自然状态。要尽量避免由于重心偏于右侧而产生身体向右倾倒的错误现象，或脚跟提起过高，导致身体重心起伏不稳。

在练习过程中，左脚向左侧轻分开，前脚掌先踏地，全脚掌踏实，随重心左移。动作重心的左右过渡要平稳，不要由于左脚的开立，使身体产生明显的位置的移动。双脚与肩同宽，为动作的规矩（开步后，我们可以任意一脚的脚跟为轴，脚尖内扣，双脚间的距离为本人的一横脚宽时，此时的距离最合适）。同时要注意呼吸自然，身体正直，两肩放松，收腹敛臀，含胸拔背。不要因为精神紧张而使得动作僵硬，开步过大，耸肩，两臂与身体过于夹紧，这样容易失去太极拳圆活、自然的韵律。

**【技击含义】**

对方以双掌按压我双臂，我即以松肩垂肘、重心下沉化其劲力，趁对方回缩之时，以双臂进击，使对方身体向后倾倒。

**【动作口诀】**

膝屈按掌肩放松，双掌下落气下行。

## 第二式 左右野马分鬃

### 动作 1 左野马分鬃

接上式，身体微右转，重心移至右腿；左脚提收于右脚内侧，前脚掌着地，成丁步；右臂向上提收平屈于胸前，掌心向下，掌指向前；左手向右下屈肘划弧于腹前，掌心翻转向上，掌指向后，眼视右手方向。（图2-1、2-2）

**教学口令** 抱球收脚。

**动作方向** 身体面向西南方。

（图2-1）

（图2-2）

**动作要领**

① 身体正直，沉肩垂肘，双臂撑圆。

② 右掌与左肩同高，右肘低于右掌。

**⊗易犯错误**

① 上体前俯，突臀。

② 双肩耸起。

③ 左臂紧夹身体。

## 动作 ❷ 左野马分鬃

身体向左转，重心在右腿；左脚提起向前迈步，脚跟先着地；随身体转动，双手仍保持原抱球状；眼随身体转动向正前方平视。（图2-3、2-4）

**教学口令** 转体迈步。

**动作方向** 身体面向东南方。

**动作要领**

① 左脚迈步应稍偏左，左腿膝关节不可挺直。

② 身体正直，敛臀。

（图2-3）

**⊗易犯错误**

① 上体前俯或后仰，突臀。

② 左膝挺直，双腋紧夹身体。

（图2-4）

### 动作 ③ 左野马分鬃

身体微向左转，重心左移；左脚全脚掌着地踏实，左腿屈膝慢慢向前弓出；右脚跟稍外展，成左弓步；左手向左上分出，掌心侧向上，掌指与眼平，右手向下按于右髋旁，掌心向下，掌指向前；眼视左手方向。（图2-5、2-5正面）

**教学口令** 弓步分手

**动作方向** 身体面向东方。

（图2-5）

（图2-5）正面

**动作要领**

① 弓步时左膝与左脚尖在同一垂线上，右腿自然蹬直，双脚不可在同一直线上。
② 沉肩，垂肘，双肩保持弧形。
③ 转体、弓步、分手等动作应协调一致。

**⊗易犯错误**

① 上体前俯，突臀。
② 耸肩扬肘，左右歪髋。

## 动作 ④ 右野马分鬃

接上式，重心移至右腿，右腿屈膝，左脚尖翘起，左腿自然蹬直，成坐步；双手保持上式定式姿势不变；眼向前平视。（图2–6、2–6正面）

**教学口令** 后坐跷脚。

**动作方向** 身体面向东方。

**动作要领**

① 重心后坐，上体保持中正。

② 身体重心保持平稳，左脚尖翘起角度应小于90度。

（图2–6）

（图2–6）正面

**⊗易犯错误**

① 身体重心起伏。

② 上体后仰，耸肩，左右歪髋。

## 动作 5 右野马分鬃

身体向左转，左脚尖外展45度，重心移至左腿，左脚全脚掌着地踏实；右脚提收于左脚内侧，前脚掌踏地；左手翻转掌心向下，左臂在胸前平屈，掌指向前；右手随身体转动向左划弧于腹前，掌心向上，掌指向后，成抱球状；眼视左手方向。（图2-7、2-7正面、2-8、2-8正面）

（图2-7）　（图2-7）正面

**教学口令** 转体抱球收脚。

**动作方向** 身体面向东北方。

**动作要领**

① 身体中正，沉肩垂肘。

② 右脚前脚掌踏地，双臂撑圆。

（图2-8）　（图2-8）正面

**⊗易犯错误**

上体前俯，双臂紧夹身体，左右歪髋，耸肩抬肘。

### 动作 ⑥ 右野马分鬃

身体微向右转，重心在左腿，右腿提起向前迈步，脚跟先着地，随身体转动双手保持抱球状，眼随体转向前平视。（图2-9、2-9正面）

**教学口令** 转体迈步。

**动作方向** 身体面向东方。

（图2-9）

（图2-9）正面

**动作要领**

① 右脚迈出应稍偏右，右腿膝关节不可挺直。

② 保持重心稳固，身体正直，敛臀。

**⊗易犯错误**

① 上体前俯、后仰，双腋紧夹身体。

② 身体重心起伏，突臀。

## 动作 7 右野马分鬃

身体向右转，重心右移，右脚全脚掌着地踏实，右腿屈膝慢慢向前弓出；左腿自然蹬直，成右弓步；右手向右上分出，掌心侧向上，掌指与眼平；左手向下按于左髋旁，掌心向下，掌指向前，眼视右手方向。（图2-10、2-10正面）

**教学口令** 弓步分手。

**动作方向** 身体面向东方。

（图2-10）

（图2-10）正面

**动作要领**

① 弓步时右膝与右脚尖在同一垂线上，左腿自然蹬直，双脚不可在同一直线上。

② 沉肩，垂肘，双肩保持弧形。

③ 转体、弓步、分手等动作应协调一致。

**⊗易犯错误**

① 上体前俯，突臀。

② 耸肩扬肘，左右歪髋。

### 动作 8 左野马分鬃

接上式，重心移于左腿，左腿屈膝，右脚尖跷起，右腿自然蹬直，成坐步，双手保持上式定式姿势不变，眼向前平视。（图2-11、2-11正面）

**教学口令** 后坐跷脚。

**动作方向** 身体面向东方。

**动作要领**

① 重心后坐，上体保持中正。

② 身体重心保持平稳，右脚尖翘起角度应小于90度。

（图2-11）

（图2-11）正面

**⊗易犯错误**

① 身体重心起伏。

② 上体后仰，耸肩，左右歪髋。

## 动作 ⑨ 左野马分鬃

身体向右转，右脚尖外展45度，重心移于右腿，右脚全脚掌踏实；左脚提收于右脚内侧，前脚掌踏地；右手翻转掌心向下，右臂在胸前平屈；左手随身体转动向右划弧于腹前，掌心向上；双手成抱球状；眼视右手方向。（图2-12、2-13）

**教学口令** 转体抱球收脚。

**动作方向** 身体面向东南方。

**动作要领**

① 身体中正，沉肩垂肘。

② 左脚前脚掌踏地，双臂撑圆。

**⊗易犯错误**

① 上体前俯，双臂紧夹身体。

② 左右歪髋，耸肩抬肘。

（图2-12）

（图2-13）

### 动作 10 左野马分鬃

身体微向左转，重心在右腿，左脚提起向前迈出，脚跟先着地，随体转双手保持抱球姿势，眼随体转向前平视。（图2-14）

**教学口令** 转体迈步。

**动作方向** 身体面向东方。

**动作要领**

① 左脚迈出稍偏左，避免双脚在同一直线上。

② 身体正直，敛臀。

**⊗易犯错误**

① 上体前俯、后仰，双腋紧夹身体。

② 身体重心起伏，突臀。

（图2-14）

## 动作 11 左野马分鬃

身体向左转，重心左移，左脚全脚掌着地踏实，左腿屈膝慢慢向前弓出，右腿自然蹬直，成左弓步；左手向左上分出，掌心侧向上，掌指与眼平；右手向下按于右髋侧，掌指向前，掌心向下；眼视左手方向。（2–15、2–15正面）

**教学口令** 弓步分手。

**动作方向** 身体面向东方。

**动作要领**

① 左脚迈出应稍偏左，左腿膝关节不可挺直。

② 保持重心稳固，身体正直，敛臀。

**⊗易犯错误**

① 上体前俯、后仰，双腋紧夹身体。

② 身体重心起伏，突臀。

（图2–15） （图2–15）正面

## 左右野马分鬃

**【动作连贯示意图】**

【动作诠释】

左右野马分鬃的动作，是二十四式太极拳套路中极具代表性的动作之一。在套路中是左式野马分鬃、右式野马分鬃动作的总称。左手左腿在前为左式，右手右腿在前为右式。虽然有左右之分，但动作外形相仿，都具有开展大方、舒适圆活、气势磅礴的特点。在套路中相继出现的顺序为左野马分鬃、右野马分鬃、左野马分鬃。左右野马分鬃的动作，对劲力的要求极其严格。从步法、劲力的变化讲，它属于“蓄势暗劲弓蹬步”。分解动作①是引化，属于蓄劲。身体向左或右转动时，要做到松腰沉髋、沉肩坠肘、双臂合抱撑圆，一腿屈膝支撑，另一脚提收点地附加支撑，都在积蓄力量，属于太极拳术中的“相合”。分解动作③④是暗劲弓蹬步，属于太极拳术中的“相开”，是指双臂舒展，弓步时劲力爆发、撒放。譬如左野马分鬃的动作，左臂不仅要含有“掤劲”，拳谚如此释义“‘掤劲’义何解，旋转如飞轮，投物于其上，脱然掷寻丈，急流成漩涡，浪卷若螺纹，落叶坠其上，倏尔便沉沦”。意思说，掤劲好似飞轮、漩涡，落上之物，便有抛出沉落之感。同时左臂、肩、背具有“靠劲”，拳谚如此释义“靠劲义何解，其法分肩背，斜飞势用肩，肩中还有背，一旦机可乘，轰然如捣碓，仔细维重心，失中徒无劲”。意思是讲，臂靠、肩靠、背靠，首先要得势，但绝不可失去重心，被他人所制。所以肩、背、臂要具备“掤、靠”的意念。另一掌要具备“掤、按”之劲。臂含有向后、向外的撑劲。肩髋上下相对相随，松肩舒背，肩肘松沉，虚领顶劲，立身中正。右腿、右臂在前称之为右顺势，反之为左顺势。

在杨式风格的太极拳术中“掤式”前臂为屈臂前举，意贯前臂为“掤劲”。“野马分鬃”前臂为展臂前伸，意贯前臂、背、肩，为“掤靠劲”。这两种形式的动作，前臂都是在体前上方，所以也称之为“上手”。同样后手的动作，相对称之为“下手”。“下手”共同之处就是掌、臂都内含向下、向后、向外的劲力。不同之点就是掌与身体的距离不尽相同，因而劲力的着重点也不同。这就需要练习者慢慢体会，细细揣摩。以上就是这二式动作外形不同之处，劲力表现各异之点。虽然动作外形、劲力各不相同，但虚领顶劲、立身中正是贯穿始终的。

【技击含义】

对方以拳掌进击或拿我右（左）掌，我即以转体趁势引进，化其来势，并以左（右）掌从对方左（右）臂下突然进击，攻入对方腋下，同时上左（右）步，以掤靠之劲使对方跌倒。

【动作口诀】

弓步分手思劲力，松肩沉肘腰髋松。

# 第三式 白鹤亮翅

（图3-1）

**动作 1**

接上式，身体微向左转，重心在左腿，右脚提起向前跟半步，前脚掌踏地；左手翻转掌心向下，掌指向右平屈于胸前，右手向左划弧于左腹前，掌心向上，掌指向左，眼视左手方向。（图3-1、3-1正面）

**教学口令** 跟步抱球。

**动作方向** 身体面向东北方。

（图3-1）正面

**动作要领**

① 右脚向前跟步时，身体重心应保持平稳，左腿不要僵直。

② 上体保持中正，松肩沉肘。

**⊗易犯错误**

① 跟步距离过大，身体重心前倾。

② 松腰松胯，立身中正。

## 动作 ❷

身体向右转，重心移于右腿，右脚全脚掌着地踏实，身体重心后移；随身体转动，双手保持抱球状；眼随体转向前平视。（图3-2、3-2正面）

**教学口令** 后坐转体。

**动作方向** 身体面向东南方。

**动作要领**

① 身体右转，重心右移，速度要匀缓。

② 上体正直，双肩松沉，双肘下垂。

（图3-2）

（图3-2）正面

**⊗易犯错误**

① 重心右移速度过快，身体向右倾倒。

② 身体歪斜，歪髋。

## 动作 ③

身体向左转，重心在右腿；左脚提起稍做调整后，前脚掌踏地，成左虚步；右手向上划弧停于右额前，掌心侧向后，掌指向上，左手向下按至左腿外，掌心向下，掌指向前；眼向前平视。（图3-3、3-4、3-4正面）

**教学口令** 虚步分手。

**动作方向** 身体面向东方。

**动作要领**

① 上体正直，松腰松胯，双臂撑圆，沉肩垂肘，展掌舒指。

② 转体、分手和虚步动作协调一致，同时完成。

（图3-3）

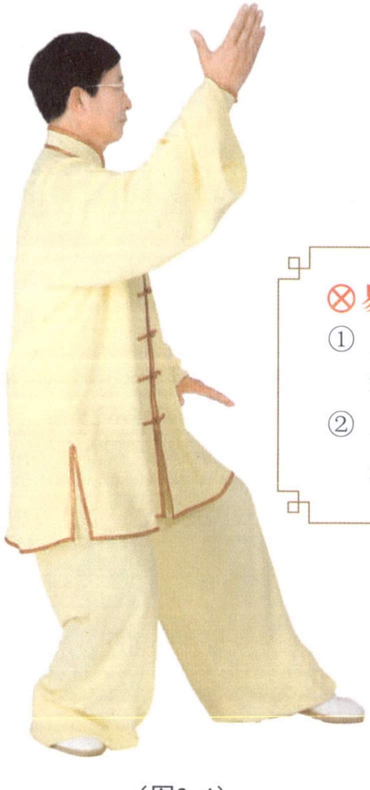

**⊗易犯错误**

① 上体前俯后仰，双肩耸起。

② 左右歪髋，双腋紧夹身体。

（图3-4）

（图3-4）正面

# 白鹤亮翅

**【动作连贯示意图】**

**【动作诠释】**

白鹤亮翅的动作同样是二十四式太极拳套路中极具代表性的动作之一。动作外形舒展大方、圆活、潇洒。此式动作的虚步步型也是杨式风格太极拳拳式中的高架虚步。所谓“高架”是相对动作外形而言的，同是虚步步型，“手挥琵琶式”的虚步动作就属于中架虚步，“海底针”的虚步动作则属于低架虚步。

白鹤亮翅，虽然动作外形看似直立，但是动作要领却丝毫无变。首先身形要达到虚领顶劲、含胸拔背、松腰沉髋、收腹敛臀的要求。既要有向上的挺拔之势，又要含有向下的沉劲，这样就有上下对拔、把肢体拉长的感觉，尤其是右臂向上高举时，但是松肩、垂肘的动作原理也要充分体现。右肘关节不可扬起，要松沉，右肩与右掌指成弧形，双臂要成弧形不可挺直，才能将腿脚之力、腰髋之劲通畅地贯注到双掌。前三（左脚）后七（右腿）的身体重心的合理分配，是整体动作劲力的基础保证。含胸拔背、松腰沉髋、松肩垂肘，加强了身体重心的稳固性，同时也保证了呼吸的深沉，也充分体现出太极拳原理中所包含的升、降、虚、实、开、合、掤、擎托等相对、统一的哲理。以心意之动，寓动作之形，如拳谚所云：“心气一发，四肢皆动，足起有地，动转有位。或粘而游，或连而随；或腾而闪，或摺而空；或掤而捋，或挤而按”。

**【技击含义】**

对方以右拳进击，趁转体之势，我以右掌向外拨化，握其腕臂；对方抽手以右拳再进击，我即以左掌引接，向外拨化架挡，使其来劲尽失。

**【动作口诀】**

虚步分掌身中正，双臂撑圆腋下空。

## 第四式 左右搂膝拗步

### 动作 1 左搂膝拗步

接上式，身体微向左转，重心在右腿；右手由右额前向左落于面前，掌心向上；左掌保持上式姿势不变；眼视右手方向。（图4-1、4-1正面）

**教学口令** 转体落手。

**动作方向** 身体面向东方。

**动作要领**

① 右掌落于面前，不超过身体中线。

② 保持上体中正，双肩松沉。

（图4-1）

（图4-1）正面

**⊗易犯错误**

① 上体前俯，耸肩突臀。

② 右手落于左侧身体，向左倾倒。

## 动作 ❷ 左搂膝拗步

身体向右转，重心在右腿；左脚提收于右脚内侧，前脚掌踏地；右手向下经体侧（髋旁）向右后上方划弧至手与耳高，掌心侧向上，掌指侧向上；左手向上经面前划弧于右肩前，掌心向下，掌指向右；眼视右手方向。（图4-2、4-3、4-4）

**教学口令** 收脚举臂。

**动作方向** 身体面向西南方。

**动作要领**

① 上体正直，双肘下垂，向右转体角度小于右后45度为宜。

② 双肩松沉，双臂撑圆，双肘弯曲。

③ 转体、收脚和双掌运转动作应连贯协调，一气呵成。

（图4-2）

（图4-3）

（图4-4）

⊗易犯错误

① 右转幅度大，身体向右倾倒。

② 双肘上扬，左右歪髋。

### 动作 3 左搂膝拗步

身体微向左转，重心在右腿；左脚提起向前迈步，脚跟先着地；右手屈肘收于右耳侧，掌心向前，掌指向上；左手随转体落于右腹前，掌心向下，掌指向前；眼随身体转动向前平视。（图4-5）

**教学口令** 迈步屈肘。

**动作方向** 身体面向东南方。

**动作要领**

① 松肩垂肘，右手屈收于耳旁，虎口对耳。

② 右腿屈膝，身体重心平稳。

（图4-5）

⊗易犯错误

① 上体前俯，突臀。

② 身体重心起伏，夹腋。

## 动作 4 左搂膝拗步

身体继续向左转，重心左移，左脚全脚掌踏实，左腿屈膝慢慢向前弓出成左弓步；右手由耳旁向前推出，掌指与鼻平，掌心向前，掌指向上；左手向下由膝前搂过，按于左膝侧，掌心向下，掌指向前；眼向前平视。（图4-6、4-6正面）

**教学口令** 弓步搂推。

**动作方向** 身体面向东方。

**动作要领**

① 上体正直，松腰胯，松肩垂肘，舒指展掌。
② 双臂肘关节自然弯曲。
③ 双手动作应与转体、弓步动作协调一致，同时完成。

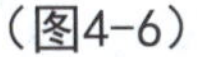

（图4-6）

（图4-6）正面

**⊗易犯错误**

① 上体前俯，耸肩，突臀。
② 动作不协调，脱节。

### 动作 5 右搂膝拗步

接上式，重心移于右腿，右腿屈膝，身体后坐；左脚尖翘起，左腿自然蹬直成坐步；右手转动掌心向左，掌指向上，左手掌心向下，掌指向前；眼向前平视。（图4-7、4-7正面）

（图4-7）

**教学口令** 后坐跷脚。

**动作方向** 身体面向东方。

**动作要领**

① 重心右移，成坐步时上体保持中正，敛臀。
② 重心移动速度缓慢、均匀。

（图4-7）正面

**⊗易犯错误**

① 重心右移速度过快，易产生突臀现象。
② 身体后仰导致重心起伏。

## 动作 ⑥ 右搂膝拗步

身体向左转，左脚尖外展45度，重心移于左腿；左脚全脚掌着地踏实，右脚提收于左脚内侧，前脚掌踏地；右手经面前向左侧划弧于左肩前，掌心向下，掌指向后；左手向左后上方划弧，至耳高，掌心侧向上；眼视左手方向。（图4-8、4-8正面、4-9、4-9正面）

**教学口令** 收脚举臂。

**动作方向** 身体面向西北方。

（图4-8）

（图4-8）正面

（图4-9）

**动作要领**

① 上体正直，双肘下垂，向左转体角度小于左后45度为宜。

② 双肩松沉，双臂撑圆，双肘弯曲。

③ 转体、收脚和双掌运转动作应连贯协调，一气呵成。

**⊗易犯错误**

① 左转幅度大，身体向左倾倒。

② 双肘上扬，左右歪髋。

（图4-9）正面

### 动作 ⑦ 右搂膝拗步

身体微向右转，重心在左腿，右脚提起向前迈步，脚跟先着地；左手屈肘收于左耳旁，掌心向前，掌指向上；右手随身体转动落于左腹前，掌心向下，掌指向前；眼随体转向前平视。（图4-10、4-10正面）

**教学口令** 迈步屈肘。

**动作方向** 身体面向东北方。

**动作要领**

① 松肩垂肘，左手屈收于左耳旁，虎口对耳。

② 左腿屈膝，身体重心平稳。

**⊗易犯错误**

① 上体前俯，突臀，

② 身体重心起伏，夹腋。

（图4-10）

（图4-10）正面

## 动作 8 右搂膝拗步

身体继续向右转，重心右移，右脚全脚掌踏实，右腿屈膝慢慢向前弓出，成右弓步；左手由左耳旁向前推出，掌指与鼻平，掌心向前，掌指向上；右手向下由右膝前搂过按于右膝侧，掌心向下，掌指向前；眼向前平视。（图4－11、4－11正面）

**教学口令** 弓步搂推。

**动作方向** 身体面向东方。

（图4－11）

（图4－11）正面

**动作要领**

① 上体正直，松腰胯，松肩垂肘，舒指展掌。

② 双臂肘关节自然弯曲。

③ 双手动作应与转体、弓步动作协调一致，同时完成。

**⊗易犯错误**

① 上体前俯，耸肩，突臀。

② 动作不协调，脱节。

### 动作 9 左搂膝拗步

接上式，重心移至左腿，左腿屈膝，身体后坐；右脚尖翘起，右腿自然蹬直，成坐步；左手转动掌心向右，掌指向上，右手翻转掌心向上，掌指斜向下；眼向前平视。（图4–12、4–13）

**教学口令** 后坐跷脚。

**动作方向** 身体面向东方。

**动作要领**

① 重心右移，成坐步时，上体保持中正，敛臀。

② 重心移动速度缓慢、均匀。

**⊗易犯错误**

① 重心右移速度过快，突臀。

② 身体后仰，身体重心起伏。

（图4–12）

（图4–13）

### 动作 10 左搂膝拗步

身体转向右，右脚尖外展45度，重心移至右腿，右脚全脚掌落地踏实；左脚提收于右脚内侧，前脚掌踏地；左手经面前、向右侧划弧于右肩前，掌心向下，掌指向后；右手向右后上方划弧至手与耳高，掌心侧向上，掌指侧向上；眼视右手方向。（图4–14）

**教学口令** 收脚举臂。

**动作方向** 身体面向西南方。

（图4-14）

**动作要领**

① 上体正直，双肘下垂，向右转体角度小于右后45度为宜。

② 双肩松沉，双臂撑圆，双肘弯曲。

③ 转体、收脚和双掌运转动作应连贯协调，一气呵成。

**⊗易犯错误**

① 右转幅度大，身体向右倾。

② 双肘上扬，左右歪髋。

## 动作 11 左搂膝拗步

身体微向左转，重心落于右腿，左脚提起向前迈步，脚跟先落地；右手屈肘收于右耳旁，掌心向前，掌指向上；左手随体转落于右腹前，掌心向下，掌指向右；眼随体转向前平视。（图4-15）

**教学口令** 迈步屈肘。

**动作方向** 身体面向东南方。

**动作要领**

① 松肩垂肘，右手屈收于右耳旁，虎口对耳。

② 右腿屈膝，身体重心平稳。

（图4-15）

**⊗易犯错误**

① 上体前俯，突臀。

② 身体重心起伏，夹腋。

## 动作 12 左搂膝拗步

身体继续左转，重心左移，左腿全脚掌踏实，左腿屈膝慢慢向前弓出成左弓步；右手由右耳旁向前推，掌指与鼻平，掌心向前，掌指向上；左手向下由左膝前搂过按于左膝侧，掌心向下，掌指向前；眼向前平视。（图4-16、4-16正面）

**教学口令** 弓步搂推。

**动作方向** 身体面向东方。

（图4-16）

**动作要领**

① 上体正直，松腰胯，松肩垂肘，舒指展掌。

② 双臂肘关节自然弯曲。

③ 双手动作应与转体、弓步动作协调一致，同时完成。

**⊗易犯错误**

① 上体前俯，耸肩，突臀。

② 动作不协调，脱节。

（图4-16）正面

## 左右搂膝拗步

**【动作连贯示意图】**

1 2 3 4

5 6 7 8

9 10 11 12

13 14 15 16

【动作诠释】

二十四式太极拳套路中的动作有“顺步”和“拗步”之分。简单地讲“顺步”就是同侧手脚同时出现，如“野马分鬃”；而左右搂膝的动作是对侧手脚同时出现在太极拳套路动作中，一般习惯称之为“拗步”。

左右搂膝拗步是左式搂膝拗步、右式搂膝拗步的总称。在套路中相继出现的顺序为左搂膝拗步、右搂膝拗步、左搂膝拗步。左右搂膝拗步动作的身法、劲力的变化是极其丰富的。

首先是步型的转换，从“白鹤亮翅”动作的高架虚步到右搂膝拗步的左腿支撑；收右脚展臂，身体重心要下沉，身形上要达到“立身中正”的要求。即使是右脚迈出，上体也要中正。注意到这一点，就可以尽量避免为了迈步而失去身体平衡，产生突臀、左右歪髋的错误动作。要符合“敛臀”和“尾闾中正”的拳理要求。

其次身体重心的前移，右腿屈膝前弓步时，身体的平稳位移，髋关节沿水平位置的运动，是避免动作过程中身体上下起伏的要点。演练时步法的变化是通过坐步——收脚——迈步——弓步构成的，“尾闾中正”是贯穿始终的。而“主宰于腰”是讲，腰髋的转动起着主导作用。两掌的动作要随腰的转动而动，腰的左右转动切不可摇晃，因为一晃动必然产生身体俯仰，与拳理不符。“松腰沉髋”、“含胸拔背”、“沉肩垂肘”、“顺腕舒指”是劲力贯注到双臂的保证。在此劲力意识下通过腰的左右转动，将后腿的腿脚之力，运用到前推掌和下搂掌。前推掌时，虎口撑圆，力达掌指。下搂掌时，又要有向下和向外的采按劲，肩髋上下相对相合，避免了过分强调向前送肩、或两肩高低不平的现象。

因而搂膝拗步动作的劲力、步法的变化是极其重要的，要细心体会。可以通过单式、定式（以定式架势做较长时间的练习）体会动作的劲力。因为拳谚所云：“气宜鼓荡，神宜内敛，勿使有缺陷处，勿使有凹凸处，勿使有断续处。”“一身之劲，练成一家。分清虚实，发劲要有根源：劲起于脚跟，主宰于腰，行于手指，发于脊骨”。

【技击含义】

我一手搂开对方进击的手或脚，顺势向前上步，插于对方腿后，或踩踏对方一脚，另一掌向前击打对方胸部反击。

【动作口诀】

弓步搂推求身法，劲力内涵细体会。

# 第五式 手挥琵琶

（图5-1）

### 动作 1

接上式，重心在左腿，右脚提起向前跟半步，前脚掌踏地；右手腕略松，向前舒指，掌心向下；眼向前平视。（图5-1、5-1正面）

**教学口令** 跟步松手。

**动作方向** 身体面向东方。

**动作要领**

① 上体保持平稳，双膝关节微屈。

② 松腰松胯，沉肩垂肘。

（图5-1）正面

**⊗易犯错误**

① 跟步距离过大，身体重心向前倾倒。

② 耸肩，身体重心起伏。

## 动作 ❷

身体微向右转，重心移于右腿，右脚全脚掌着地踏实，身体后坐，左脚跟微提起；右手臂屈肘，右手收于胸前，掌心向下，掌指向前；左手向左、向上划弧于体前，掌心向下，掌指向右与肩平；眼视左手方向。（图5-2、5-2正面）

**教学口令** 转体展臂。

**动作方向** 身体面向东南方。

**动作要领**

① 立身中正，双肩下沉，双肘下垂。

② 双臂成弧形，右脚与前进方向成45度。

（图5-2）

（图5-2）正面

**⊗易犯错误**

① 身体歪斜，双肩耸起，抬肘。

② 双臂僵直，右脚外展。

## 动作 ③

身体微向左转，重心在右腿，左脚提起略前移，脚跟着地成左虚步，双臂向内相合；左手与鼻同高，掌心向右，掌指侧向上，右手合在左臂内侧，掌心向左，掌指侧向上与左肘相对；眼视左手方向。（图5-3、5-3正面、5-4、5-4正面）

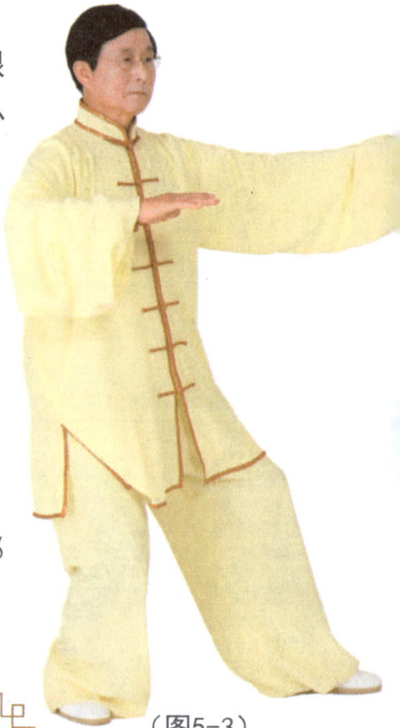

**教学口令** 虚步合臂。

**动作方向** 身体面向东方。

**动作要领**

① 上体中正，含胸拔背，不可突臀、仰身，双臂肘部微屈。

② 虚步与双手相合协调一致。

**⊗易犯错误**

① 双臂紧夹身体，上体前俯、后仰，突臀。

② 动作不协调，手脚动作脱节。

（图5-3）

（图5-3）正面

（图5-4）

（图5-4）正面

## 手挥琵琶

**【动作连贯示意图】**

**【动作诠释】**

手挥琵琶的动作变化幅度比较大，但是在动作的运转变化中，身形正确与否、身体重心分配是否合理就直接地影响到步法上的变化、劲力的使用。动作①右脚向前跟步，现在一般的提法是：向前跟半步。所谓半步就是指本人弓步的一半距离。所以向前跟步，右脚与左脚的纵向距离应以不超过此范畴为最好，超过这个范畴，双脚的纵向距离太近，身体重心偏前，极易产生左腿独立支撑的现象，使得身体向前倾倒。跟步距离合理，实际上突出了技击的含义。所以在跟步的动作过程中，跟步的距离合适与否起着很重要的作用。要保持自己下盘的稳固，就要以松腰髋的动作要领来约束，这样就避免了身体重心的起伏，动作外形的不正确。更重要的一点是为动作②打下了良好的基础，即身体右转，重心的右移，右脚的踏实，使之具有强烈的劲力感。动作③的向左转体，左脚跟踏地，成左虚步；前三（左脚）后七（右脚）的身体重心分配，使得左脚具有支撑力，左脚掌与地面的夹角以不超过60度为宜。双膝不要过分挺直，右脚与右膝关节在同一方向，右脚具有向前的撑劲，使下盘根基更加稳固。随身体的转动，两掌前后交错，双臂下沉相合的同时，具有向前推（挥）出之意。动作强调了“挥”字，是推出、送出的意思。也是杨式太极拳中“借劲”、“长劲”的一种表现，即借对方之力，以我劲力之延长将对方发出。身体纵轴的旋转贯穿了动作的始终，在练习中要体会拳谚所云：“自己懂劲，间及神明，为之文成。于人懂劲，视听之际，遇而变化，自得曲诚之妙形。”

**【技击含义】**

对方以右拳击打，我即以转身闪过的同时，以右掌扶其腕顺势向后引带，左掌贴扶于对方肘关节，两掌左右沉臂相合；同时以反关节的方法将对方擒拿，趁对方回抽之时，顺势将对方发出。

**【动作口诀】**

跟步展掌上下随，
虚步挥臂意气扬。

# 第六式 左右倒卷肱

（图6-1）

### 动作 1 右倒卷肱

接上式，身体微向右转，重心在右腿，右掌翻转掌心向上，向下落于右髋侧，掌指向前，左掌随体转微向前展伸，掌心向右，掌指向上，眼随体转向前平视。（图6-1）

**教学口令** 转体落手。

**动作方向** 身体面向东南方。

**动作要领**

① 立身中正，不可突臀、仰身，双臂肘部微屈。

② 肩肘松沉，身体重心平稳。

**⊗易犯错误**

① 双臂紧夹身体，上体前俯、后仰，突臀。

② 耸肩扬肘，身体重心起伏。

### 动作 2 右倒卷肱

身体向右转，重心在右腿，右掌向右后上方划弧至耳高，掌心向上，掌指向后，左掌随体转微向前展伸；掌心向右，掌指向上，与肩同高；眼视右手方向。（图6-2、6-3）

**教学口令** 转体展臂。

**动作方向** 身体面向西南方。

**动作要领**

① 立身中正，双肩下沉， 双肘下垂。

② 双臂成弧形，右脚与前进方向成45度。

**⊗易犯错误**

① 双臂展平，双肘挺直。

② 左右歪髋，耸肩，身体前俯。

（图6-2）

（图6-3）

（图6-4）

**⊗易犯错误**

① 左脚上提过高，身体向右倾倒。
② 身体歪斜，身体重心起伏。

### 动作 3 右倒卷肱

身体微向左转，重心在右腿，左腿屈膝，左脚提起，脚尖自然下垂；左掌翻转掌心向上，掌指向前，右臂平展，掌心向上，掌指向后，眼视左手方向。（图6-4、6-4正面）

**教学口令** 提膝平举。

**动作方向** 身体面向东南方。

**动作要领**

① 左脚提起，身体重心要平稳。
② 上体正直，松腰松胯，沉肩坠肘。

（图6-4）正面

## 动作 ④ 右倒卷肱

身体继续微向左转，重心在右腿；左脚向后（略偏左）退步，前脚掌踏地；右臂屈肘，右手收于耳侧，掌心向前，掌指向上；左手与肩同高，掌心向上，掌指向前；眼视左手方向。（图6-5、6-5正面）

**教学口令** 退步屈肘。

**动作方向** 身体面向东方。

**动作要领**

① 左脚退步时应落在偏左位置，以避免双脚在同一直线上。

② 身体正直，肩放松，肘微屈下垂。

（图6-5）

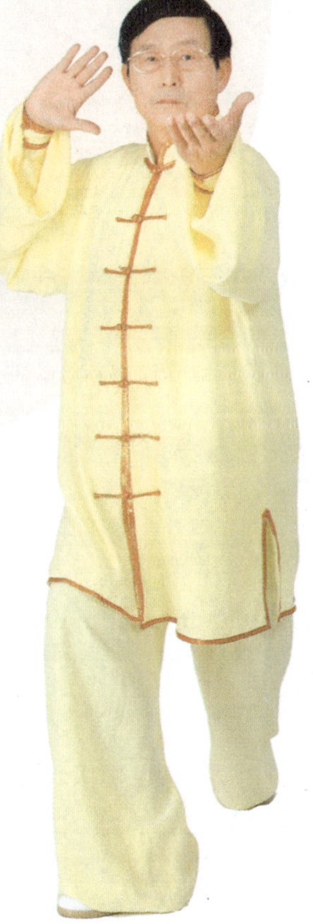

（图6-5）正面

**⊗易犯错误**

① 上体前俯，耸肩，抬肘。

② 双脚在同一直线上，导致身体重心不稳。

### 动作 ⑤ 右倒卷肱

身体向左转，重心移至左腿；随体转，左脚全脚掌落地踏实，右脚以前脚掌为轴，将脚拧正，右膝微屈成坐步；右手继续向前推掌，掌指向上，与鼻平，掌心向前；左掌向下落至腹前，掌心向上，掌指向前；眼视右手方向。（图6-6、6-6正面）

**教学口令** 坐步推掌。

**动作方向** 身体面向东方。

（图6-6）

（图6-6）正面

**动作要领**

① 立身中正，腰髋松沉。

② 沉肩垂肘，双臂撑圆。

**⊗易犯错误**

① 身体前俯，突臀。

② 双臂紧夹身体，重心起伏。

## 动作 ⑥ 左倒卷肱

接上式，身体微向左转，重心在左腿，左掌翻转掌心向上，向下落于左髋侧，掌指向前，右掌随体转微向前展伸，掌心向左，掌指向上，眼随体转向前平视。（图6–7、6–7正面）

**教学口令** 转体落手。

**动作方向** 身体面向东北方。

（图6–7）

**动作要领**

① 立身中正，不可突臀、仰身，双臂肘部微屈。

② 肩肘松沉，身体重心平稳。

**⊗易犯错误**

① 双臂紧夹身体，上体前俯、后仰，突臀。

② 耸肩扬肘，身体重心起伏。

（图6–7）正面

## 动作 7 左倒卷肱

身体向左转，重心在左腿，左掌向左后上方划弧至耳高，掌心向上，掌指向后，右掌随体转微向前展伸；掌心向左，掌指向上，与肩同高；眼视左手方向。（图6-8）

**教学口令** 转体展臂。

**动作方向** 身体面向北方。

**动作要领**

① 身体正直，双臂成弧形。

② 身体转动与双掌动作应同时完成。

**⊗易犯错误**

① 双臂展平，双肘挺直。

② 左右歪髋，耸肩，身体前俯。

（图6-8）

## 动作 8 左倒卷肱

身体微向右转，重心在左腿，右腿屈膝，右脚提起，脚尖自然下垂；右掌翻转掌心向上，掌指向前，左臂平展，掌心向上，掌指向后，眼视右手方向。（图6-9）

**教学口令** 提膝平举。

**动作方向** 身体面向东北方。

**动作要领**

① 右脚提起，身体重心要平稳。

② 上体正直，松腰松胯，沉肩坠肘。

**⊗易犯错误**

① 右脚上提过高，身体向左倾倒。

② 身体歪斜，身体重心起伏。

（图6-9）

## 动作 ⑨ 左倒卷肱

身体继续微向右转，重心在左腿；右脚向后（略偏右）退步，前脚掌踏地；左臂屈肘，左手收于耳侧，掌心向前，掌指向上；右手与肩同高，掌心向上，掌指向前；眼视右手方向。（图6-10、6-10正面）

**教学口令** 退步屈肘。

**动作方向** 身体面向东方。

**动作要领**

① 右脚退步时应落在偏右位置，以避免双脚在同一直线上。

② 身体正直，肩放松，肘微屈下垂。

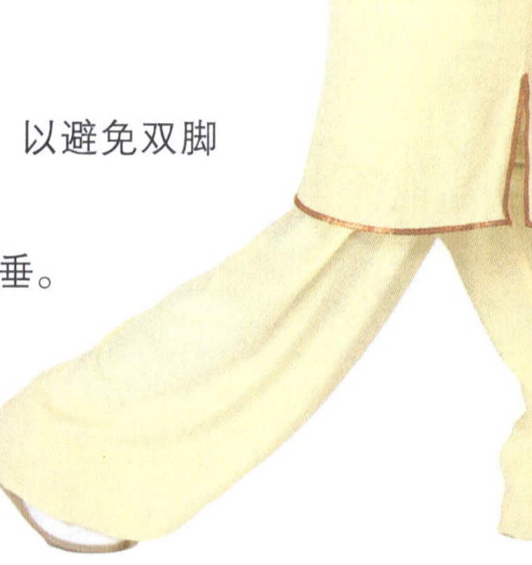

（图6-10）

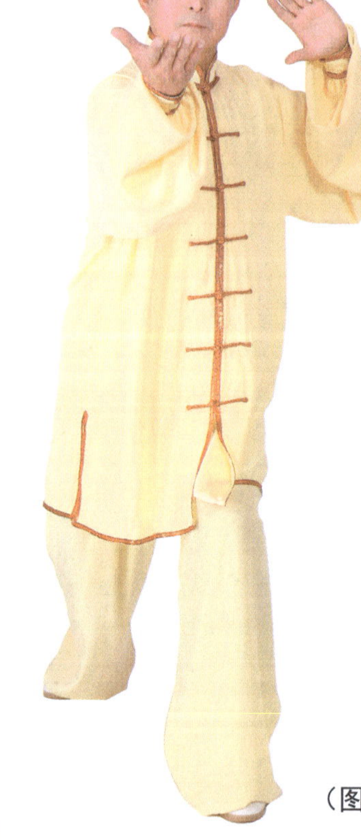

（图6-10）正面

**⊗易犯错误**

① 上体前俯，耸肩，抬肘。

② 双脚在同一直线上，导致身体重心不稳。

### 动作 ⑩ 左倒卷肱

身体向右转，重心移至右腿；随体转，右脚全脚掌落地踏实，左脚以前脚掌为轴，将脚拧正，右膝微屈成坐步；左手继续向前推掌，掌指向上，与鼻平，掌心向前；右掌向下落至腹前，掌心向上，掌指向前；眼视左手方向。（图6-11、6-12、6-12正面）

**教学口令** 坐步推掌。

**动作方向** 身体面向东方。

**动作要领**

① 立身中正，腰髋松沉。

② 沉肩垂肘，双臂撑圆。

**⊗易犯错误**

① 身体前俯，突臀。

② 双臂紧夹身体，重心起伏。

（图6-11）

（图6-12）

（图6-12）正面

### 动作 11~15 右倒卷肱

文字参看右倒卷肱动作1～5动作描述，图参见6-1~6-6。

### 动作 16~20 左倒卷肱

文字参看左倒卷肱动作6～10动作描述，图参见6-7~6-12。

## 左右倒卷肱

**【动作连贯示意图】**

❶ ❷ ❸ ❹

❺ ❻ ❼ ❽

❾ ❿ ⓫ ⓬

【动作诠释】

社会上流传的“左右倒撵猴”和“左右倒卷肱”虽然用词不同，但讲的都是同一个动作。

左右倒卷肱同样也是左倒卷肱、右倒卷肱的总称。在套路中相继出现的顺序为右倒卷肱、左倒卷肱、右倒卷肱、左倒卷肱。做“左右倒卷肱”动作时，无论左式还是右式，首先要注意的是虚领顶劲、身体中正，以腰髋转动带动双掌前后对称地、对拔地分撑开。如“右倒卷肱”其内在的意思是右掌下落、回抽至右髋侧时，要具有意念和劲力，不只是单纯的下落动作。右臂及右掌指下落时，不仅要含有向下沉的“掤劲”，同时还要具有向后回抽的“肘劲”，即意贯肘关节。因此右臂同时含有两种劲的合力，动作外形要圆，才能达到劲力饱满。同时，左掌随腰而动，要有向前的延伸之力，虽然转体动作幅度不大，但必须具备一展、一顶的意识。身体继续向右转动，使得双掌加强了前后的展伸、劲力的延长。

松肩垂肘使肩背舒松，保证了双臂在135度夹角的合理性。同时右支撑腿的重心稳固，左脚轻松提起向左侧后退步（即身体左侧后45度的方向），左前脚掌踏地，巩固了身体的稳定性。

尾闾中正，身体沿纵轴左转，带动了左脚内扣踏实，右臂卷收、左臂外旋同时进行，体现了太极拳练习中一动皆动、连绵不断的感觉。

松腰沉髋，重心左移，形成左坐步。双掌于体前相对交错时，右脚随之转正，更加渲染了左臂回带、引收的劲力，增强了右掌向前推、撑的意识。

“右倒卷肱”动作的定式要达到“虚领顶劲、含胸拔背、松腰沉髋、垂肘沉肩、收腹敛臀”的要领。双臂撑圆，左膝关节与左脚的方向一致，也是动作姿态正确与否的保证，肩与胯合，上下相随，强调了整体性、连贯性和协调性。

在二十四式太极拳套路中“倒卷肱”的动作是分左、右对称进行的，运动过程一样，只是左右动作相反，身体动作方向不同而已。这是二十四式太极拳术中唯一采取退步的形式，结合进攻手法的动作组合。无论是左还是右倒卷肱定式到位，下一组动作才能继续进行。练习时绝不可盲目地追求所谓动作的连贯性，而忽略了动作各个环节的体现，正如拳谚所云：“夫太极拳者，千变万化，无往非劲。势虽不侔，而劲归于一。夫所谓一者，自顶致足，内有脏腑筋骨，外有肌肤皮肉，四肢百骸相连而为一者也。”

【技击含义】

左右倒卷肱的动作，是防守反击采取的手法。如对方用右拳进击，我以右掌采其腕，坐实右腿向右转体，向内引带对方，用左掌击其胸部或面部，同时左脚向内转动锁住对方一脚，而向上勾提使对方失去重心被击倒。

【动作口诀】

转体松肩双臂展，退步卷肱转腰髋。

# 第七式 左揽雀尾

（图7-1）

**动作 1 左揽雀尾——掤式**

接上式，身体微向右转，重心在右腿；随体转，右手下落于右髋侧，掌心向上，掌指向左；左手随体转向前展伸，掌心向前，掌指向上，眼随身体转动向前平视。（图7-1）

**教学口令** 转体落手。

**动作方向** 身体面向东南方。

**动作要领**

① 上体正直，转体幅度要适度。

② 双肩松沉，双臂保持自然弧形。

**⊗易犯错误**

① 转体幅度过大，身体重心不稳。

② 耸肩，俯身，突臀。

（图7-2）

**动作 2 左揽雀尾——掤式**

身体继续向右转，重心仍在右腿；左脚提收于右脚内侧，前脚掌踏地；右臂屈肘，右手收于胸前，掌心向下，掌指向前；左手落于右腹前，掌心向上，掌指向后，成抱球状；眼视右手方向。（图7-2）

**教学口令** 抱球收脚。

**动作方向** 身体面向东南方。

**动作要领**

① 上体正直，双肩松沉，双肘微下垂。

② 双臂成弧形相抱，与左脚内收同时完成。

### 动作 ③ 左揽雀尾——掤式

身体微向左转，重心不变。左脚提起向前迈步，脚跟先落地，双手由抱球开始向左上、右下分开；眼随身体转动，向前平视。（图7–3、7–3正面）

**教学口令** 转体迈步。

**动作方向** 身体面向东南方。

**动作要领**

① 左脚迈出，左膝关节微屈。

② 身体正直，双肩松沉。

（图7–3）

（图7–3）正面

**⊗易犯错误**

①上体前俯，后仰，突臀。

②身体重心起伏，左右歪髋。

### 动作 4 左揽雀尾——掤式

身体继续向左转，重心移于左腿；左脚全脚掌踏实，左腿屈膝慢慢向前弓出，成左弓步；左手平臂向前掤出，手与胸平，掌心向内；掌指向右，右手向右下划弧按于右髋旁，掌心向下，掌指向前；眼向前平视。（图7-4、7-4正面）

**教学口令** 弓步左掤。

**动作方向** 身体面向东方。

（图7-4）

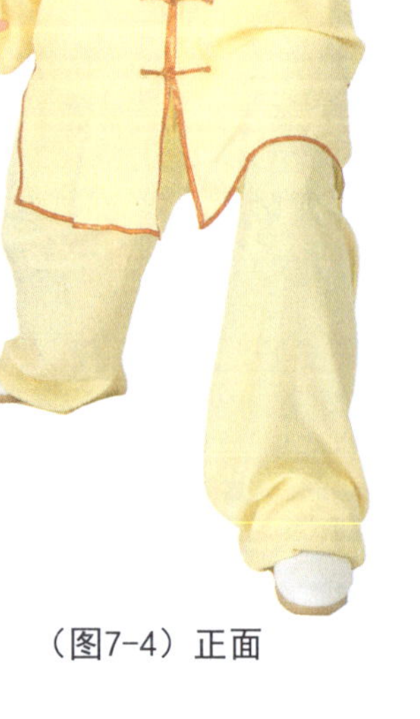

（图7-4）正面

**动作要领**

① 立身中正，两臂保持弧形。

② 松腰松胯，肩松沉。

**⊗易犯错误**

① 上体前俯后仰，双臂僵直。

② 耸肩扬肘，突臀。

## 动作 5 左揽雀尾——捋式

身体微向左转，重心在左腿；左手向左前伸出，掌心翻转向下，掌指向上，腕与肩平；右手由下经腹前向上划弧至左前臂内侧，掌心向上，掌指向上；眼视左手方向。（图7-5、7-5正面）

**教学口令** 转体展臂。

**动作方向** 身体面向东北方。

（图7-5）

**动作要领**

① 转体向前展臂时，身体正直，转体角度小于45度。

② 双臂保持弧形，松肩垂肘。转体、双手展臂应协调完成。

**⊗易犯错误**

① 上体前俯，转体角度过大导致重心不稳。

② 转体展臂不协调。

（图7-5）正面

### 动作 ⑥ 左揽雀尾——捋式

身体向右转，重心移于右腿，右腿屈膝，身体后坐，成坐步；双手随身体转动向下，经腹前向右后上方划弧；右手与耳平，掌心斜向上，掌指斜向上；左手平屈于胸前，掌心向内，掌指向后；眼视右手方向。（图7-6、7-6正面、7-7、7-7正面）

**教学口令** 后坐挥臂。

**动作方向** 身体面向西南方。

（图7-6）

（图7-6）正面

**动作要领**

① 坐步时上体保持正直，敛臀，左腿膝关节微屈，自然放松。

② 双手向右后划弧上举，不超过身体右后45度方向。

③ 转体、坐步、双肩上举应协调一致。

## ⊗易犯错误

① 转体角度过大，身体向右倾倒。

② 重心起伏，双臂僵直。

（图7-7）

（图7-7）正面

## 动作 7 左揽雀尾——挤式

身体向左转，重心在右腿，成坐步；左手随身体转动屈臂平置于胸前，掌心向内，掌指向右；右手经耳侧屈肘向前搭于左腕内侧，掌心向外，掌指向上；眼随体转向前平视。（图7-8、7-8正面）

**教学口令** 坐步搭手。

**动作方向** 身体面向东方。

**动作要领**

① 上体正直，松肩，双臂撑圆，双肘微下垂。
② 转体、搭手，动作自然、连贯。

（图7-8）

（图7-8）正面

**⊗易犯错误**

① 突臂，身体后仰，双肘扬起。
② 重心起伏，双臂紧夹身体。

### 动作 8 左揽雀尾——挤式

重心前移，左腿屈膝慢慢向前弓出，成左弓步，双手向前挤出，与肩同高；左手掌心向内，掌指向右，右手掌心向外，掌指向上；眼向前平视。（图7-9、7-9正面）

**教学口令** 弓步前挤。

**动作方向** 身体面向东方。

**动作要领**

① 双手向前挤出，双臂成环形，肩放松，肘下垂，上体正直，含胸拔背。

② 弓步、双手前挤动作协调一致。

（图7-9）

（图7-9）正面

**⊗易犯错误**

① 上体前俯，双臂挺直。

② 弓步、双手前挤动作不协调。

### 动作 9 左揽雀尾——按式

重心在左腿，右腿自然蹬直，成左弓步；双手向前伸展，右手从左手上伸出，双手转动掌心向下，与肩同高，同胸宽，掌指向前，眼向前平视。（图7-10、7-10正面）

**教学口令** 弓步分手。

**动作方向** 身体面向东方。

**动作要领**

① 此式弓步，仍保持上式姿势。

② 上体保持正直，肘关节微屈，顺腕舒指。

（图7-10）

（图7-10）正面

**⊗易犯错误**

① 上体前俯，双臂僵直。

② 身体前俯突臀，双臂伸直。

## 动作 ⑩ 左揽雀尾——按式

重心后移，右腿屈膝，身体后坐，左脚尖翘起，成坐步；双手微向上划弧，屈肘收于胸前，双掌心向前下方，掌指向上；眼向前平视。（图7-11、7-11正面）

**教学口令** 跷脚收手。

**动作方向** 身体面向东方。

**动作要领**

① 身体正直，双臂屈收胸前，肩放松，肘下垂。

② 虚腋，腰髋松沉。

（图7-11）

（图7-11）正面

**⊗易犯错误**

① 俯身，突臀，耸肩。

② 双腋紧夹身体。

### 动作 11 左揽雀尾——按式

重心左移，左脚全脚踏实，左腿屈膝慢慢向前弓出，成左弓步；双手微向下，再向前上成弧形按出，腕与肩平，掌心向前，指掌向上；眼向前平视。（图7-12、7-12正面、7-13、7-13正面）

**教学口令** 弓步前按。

**动作方向** 身体面向东方。

**动作要领**

① 上体正直，双臂保持弧形。

② 松肩，两肘微屈，顺腕，展掌，舒指。

（图7-12）

（图7-13）

**⊗易犯错误**

① 上体前俯，双臂挺直。

② 耸肩，双臂僵直。

（图7-12）正面

（图7-13）正面

## 左揽雀尾

**【动作连贯示意图】**

**【动作诠释】**

二十四式太极拳套路中左揽雀尾的动作，也是杨式太极拳风格套路中非常具有代表性的动作之一。左揽雀尾的动作包含了太极拳中的主要手法掤、捋、挤、按，即“四正手”。这“四正手”既可以分开作为单式动作进行练习，又可以以动作组合的形式出现。在拳术演练时，动作之间的衔接没有明显的界限，连贯，协调，和缓，一气呵成。

该式动作衔接均以腰髋的转动为主。以腰髋为轴，四肢为轮。轴转，轮自然运作自如，要做到一动四肢百骸皆动。左掤时，要把力点集中在左臂，为平掤。其劲力要意贯左臂外侧。右臂为下采，其劲力要意贯右掌指及右臂下侧，双臂动作饱满撑圆，即拳理中所提到“掤在两臂”。

“捋”时，以腰髋的转动带动双手回捋，左手为捋劲，其劲力要意贯左臂及左臂内侧；右手为向下、向后的合力捋，要以右肘的向右后侧45度方向为准，要立身、松肩、含胸、沉腰髋，虚实分明，劲力刚柔相济。即拳理中所提到的“捋在掌中”。

做“挤”的动作时，要松腰、沉髋，保持坐步步型，以腰髋的转动，身体随纵轴而动，带动双掌相合，再随重心前移向前挤出。其劲力要意贯左掌背及腕部，右掌附于左腕内侧，其劲力要意贯右掌心辅助发力，要含胸拔背、沉肩垂肘，双臂动作要饱满撑圆，即拳理中所提到“挤在手背”。

做“按”的动作时，不仅要松腰、沉髋，而且身体重心的移动要平稳、圆活。以弓步——坐步——弓步的步法变化，与双掌的屈臂挑掌回收，再沿立圆形向前按出的动作，要上下相随，动作协调一致。将腿脚之力，以腰为中转站送到上肢，其劲力要以腰背的力量意贯双掌指。此时要虚领顶劲、立身中正，含胸拔背、沉肩垂肘；双臂动作饱满撑圆，腕部要放松；虎口撑圆，掌心内含。即拳理中所提到“按在腰功”。

当我们了解了动作的劲力变化时，就要处处注意，时时留心。双臂的运转都要成弧形，双腋不可紧夹身体，腰髋的纵轴转动起着重要的作用。正如拳谚所云：“每一动，唯手先着力，随即松开。尤须贯串一气，不外起、承、转、合。始而意动，既而劲动，转接要一线串成。”

**【技击含义】**

左揽雀尾的动作，包含了太极拳中的主要手法，即掤、捋、挤、按“四正手”。其动作技击含义分别为：

掤：对方用右拳向我袭来，我即用掤动作迎击，用左臂贴对方腕部及前臂上掤。

捋：对方用左拳进攻，我即闪身用左臂贴对方前臂，翻腕采按，以左掌附于对方臂膀，以向右转身之势，借对方之力，顺对方来势，将对方劲力化解。

挤：双方交手时，对方进攻之手失败，欲想回抽时，我即以挤手的方式随之跟进。

按：对方用挤劲进攻，我则以双掌左右分开化解，随之我乘机以双按掌进攻。

**【动作口诀】**

掤捋挤按需认真，弓步坐步立腰身。

# 第八式 右揽雀尾

## 动作 1 右揽雀尾——掤式

接上式，身体向右转，左脚尖内扣，重心移至右腿；右腿屈膝，随身体转动，右手掌心向外经面前向身体右侧平撑，双臂在体侧成平举状，双掌心向外，腕同肩高，掌指向上；眼视右手方向。（图8-1、8-2）

**教学口令** 扣脚转体撑臂。

**动作方向** 身体面向西南方。

**动作要领**

① 上体右转，左脚尖内扣幅度要尽量大。

② 上体保持正直，双肩松沉，双肘微屈。

（图8-1）

**⊗易犯错误**

① 身体前俯后仰，突臀。

② 左脚内扣幅度小，影响身体向右转动。

（图8-2）

### 动作 2 右揽雀尾——掤式

身体微向左转，重心移于左腿；左腿屈膝，右脚提收于左脚内侧，前脚掌踏地；左臂屈肘，左手收于胸前，掌心向下，掌指向前；右手落于左腹前，掌心向上，掌指向后，成抱球状；眼视左手方向。（图8-3、8-4）

**教学口令** 抱球收脚。

**动作方向** 身体面向南方。

（图8-3）

（图8-4）

**动作要领**

① 上体正直，双肩松沉，双肘微下垂。

② 双臂成弧形相抱，与左脚内收同时完成。

**⊗易犯错误**

① 上体前俯，歪髋。

② 耸肩，手脚动作脱节。

### 动作 ③ 右揽雀尾——掤式

身体微向右转，重心不变。右脚提起向前迈步，脚跟先落地，双手由抱球开始向右上、左下分开；眼随身体转动，向前平视。（图8-5）

**教学口令** 转体迈步。

**动作方向** 身体面向西南方。

**动作要领**

① 右脚迈出，右膝关节微屈。

② 身体正直，双肩松沉。

**⊗易犯错误**

① 上体前俯，后仰，突臀。

② 身体重心起伏，左右歪髋。

（图8-5）

## 动作❹ 右揽雀尾——掤式

身体继续向右转，重心移于右腿；右脚全脚掌踏实，右腿屈膝慢慢向前弓出，成右弓步；右手平臂向前掤出，腕与胸平，掌心向内，掌指向左；左手向左下划弧按于左髋旁，掌心向下，掌指向前；眼向前平视。（图8-6、8-6正面）

**教学口令** 弓步右掤。

**动作方向** 身体面向西方。

**动作要领**

① 立身中正，两臂保持弧形。

② 松腰松胯，肩松沉。

（图8-6）

**⊗易犯错误**

① 上体前俯，后仰，双臂僵直。

② 耸肩扬肘，突臀。

（图8-6）正面

## 动作 ⑤ 右揽雀尾——捋式

身体微向右转，重心在右腿；右手向右前伸出，掌心翻转向下，掌指向上，腕与肩平；左手由下经腹前向上划弧至右前臂内侧，掌心向上，掌指向上；眼视右手方向。（图8–7、8–7正面）

**教学口令** 转体展臂。

**动作方向** 身体面向西北方。

**动作要领**

① 转体向前展臂时，身体正直，转体角度小于45度。

② 双臂保持弧形，松肩垂肘。

③ 转体、双手展臂应协调完成。

（图8–7）

**⊗易犯错误**

① 上体前俯，转体角度过大导致重心不稳。

② 转体、展臂动作不协调。

（图8–7）正面

### 动作 ⑥ 右揽雀尾——捋式

身体向左转，重心移于左腿，左腿屈膝，身体后坐，成坐步；双手随身体转动向下，经腹前向左后上方划弧；左手与耳平，掌心斜向上，掌指斜向上；右手平屈于胸前，掌心向下，掌指向左；眼视左手方向。（图8-8、8-8正面、8-9）

**教学口令** 后坐挥臂。

**动作方向** 身体面向东南方。

**动作要领**

① 坐步时上体保持正直，敛臀。右腿膝关节微屈，自然放松。

② 双手向左后划弧上举，不超过身体左后45度方向。

③ 转体、坐步、双肩上举应协调一致。

（图8-8）

（图8-8）正面

（图8-9）

## 动作 7 右揽雀尾——挤式

身体向右转，重心在左腿，成坐步；右手随身体转动屈臂平置于胸前，掌心向内，掌指向左；左手经耳侧屈肘向前搭于右腕内侧，掌心向外，掌指向上；眼随体转向前平视。（图8-10、8-10正面）

**教学口令** 坐步搭手。

**动作方向** 身体面向西方。

**动作要领**

① 上体正直，松肩，双臂撑圆，双肘微下垂。
② 转体、搭手，动作自然连贯。

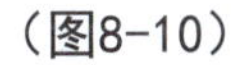

（图8-10）

（图8-10）正面

**⊗易犯错误**

① 突臂，身体后仰，双肘扬起。
② 重心起伏，双臂紧夹身体。

## 动作 8 右揽雀尾——挤式

重心前移，右腿屈膝慢慢向前弓出，成右弓步，双手向前挤出，与肩同高；右手掌心向内，掌指向左，左手掌心向外，掌指向上；眼向前平视。（图8-11、8-11正面）

**教学口令** 弓步前挤。

**动作方向** 身体面向西方。

**动作要领**

① 双手向前挤出，双臂呈环形，肩放松，肘下垂，上体正直，含胸拔背。

② 弓步、双手前挤动作协调一致。

（图8-11）

**⊗易犯错误**

① 上体前俯，双臂挺直。

② 弓步、双手前挤动作不协调。

（图8-11）正面

## 动作 9 右揽雀尾——按式

重心在右腿，左腿自然蹬直，成右弓步；双手向前伸展，左手从右手上伸出，双手转动掌心向下，与肩同高，同胸宽，掌指向前；眼向前平视。（图8-12、8-12正面）

**教学口令** 弓步分手。

**动作方向** 身体面向西方。

**动作要领**

① 此式弓步，仍保持上式姿势。

② 上体保持正直，肘关节微屈，顺腕，舒指。

（图8-12）

**⊗易犯错误**

① 上体前俯，双臂僵直。

② 身体前俯突臀，双臂伸直。

（图8-12）正面

### 动作⑩ 右揽雀尾——按式

重心后移，左腿屈膝，身体后坐，右脚尖翘起，成坐步；双手微向上划弧，屈肘收于胸前，双掌心向前下方，掌指向上；眼向前平视。（图8-13、8-13正面）

**教学口令** 跷脚收手。

**动作方向** 身体面向西方。

**动作要领**

① 身体正直，双臂屈收胸前，肩放松，肘下垂。

② 虚腋，腰髋松沉。

（图8-13）

**⊗易犯错误**

① 俯身突臀，耸肩。

② 双腋紧夹身体。

（图8-13）正面

## 动作 11 右揽雀尾——按式

重心右移，右脚全脚踏实，右腿屈膝慢慢向前弓出，成右弓步；双手微向下，再向前上以弧形按出，腕与肩平，掌心向前，指掌向上；眼向前平视。（图8-14、8-14正面、8-15、8-15正面）

**教学口令** 弓步前按。

**动作方向** 身体面向西方。

**动作要领**

① 上体正直，双臂保持弧形。

② 松肩，两肘微屈，顺腕，展掌，舒指。

（图8-14）

（图8-15）

**⊗易犯错误**

① 上体前俯，双臂挺直。

② 耸肩，双臂僵直。

（图8-14）正面

（图8-15）正面

## 右揽雀尾

**【动作连贯示意图】**

① ② ③ ④

⑤ ⑥ ⑦ ⑧

⑨ ⑩ ⑪ ⑫

⑬ ⑭ ⑮

## 【动作诠释】

二十四式太极拳套路中右揽雀尾的动作，同样包含了太极拳中的主要手法掤、捋、挤、按，即“四正手”。与左揽雀尾的动作一样，这“四正手”即可以分开做为单式动作进行练习，又可以以动作组合的形式出现。在拳术演练时，动作之间的衔接没有明显的界线，连贯，协调，和缓，一气呵成。

从左揽雀尾的动作转化到右揽雀尾的动作，身体方向转动了180度。由左弓步变化为右弓步，在动作过程中要松腰沉髋，才能使身体的重心平稳移动。左脚内扣，身体沿纵轴右转，双臂同时平撑。

动作衔接均以腰髋的转动为主，以腰髋为轴，四肢为轮。轴转，轮自然运作自如，要做到一动四肢百骸皆动。右掤时，要把力点集中在右臂，为平掤。其劲力要意贯右臂外侧。左臂为下采，其劲力要意贯左掌指及左臂下侧，双臂动作饱满撑圆，即拳理中所提到“掤在两臂”。

“捋”时，以腰髋的转动带动双手回捋，右手为捋劲，其劲力要意贯右臂及右臂内侧；左手为向下、向后的合力捋，要以左肘的向左后侧45度方向为准，要立身、松肩、含胸、沉腰髋，虚实分明，劲力刚柔相济。即拳理中所提到的“捋在掌中”。

做“挤”的动作时，要松腰、沉髋，保持坐步步型，以腰髋的转动，身体随纵轴而动，带动双掌相合，再随重心前移向前挤出。其劲力要意贯右掌背及腕部，左掌附于右腕内侧，其劲力要意贯左掌心辅助发力，要含胸拔背、沉肩垂肘，双臂动作要饱满撑圆，即拳理中所提到“挤在手背”。

做“按”的动作时，不仅要松腰、沉髋，而且身体重心的移动要平稳、圆活。以弓步——坐步——弓步的步法变化，与双掌的屈臂挑掌回收，再沿立圆形向前按出的动作，要上下相随，动作协调一致。将腿脚之力，以腰为中转站送到上肢，其劲力要以腰背的力量意贯双掌指。此时要虚领顶劲、立身中正，含胸拔背、沉肩垂肘；双臂动作饱满撑圆，腕部要放松，虎口撑圆，掌心内含。即拳理中所提到“按在腰功”。

当我们了解了动作的劲力变化时，就要处处注意，时时留心。双臂的运转都要成弧形，双腋不可紧夹身体，腰髋的纵轴转动起着重要的作用。正如拳谚所云：“每一动，惟手先著力，随即松开。尤须贯串一气，不外起、承、转、合。始而意动，既而劲动，转接要一线串成。”

## 【技击含义】

右揽雀尾的动作，包含了太极拳中的主要手法，即掤、捋、挤、按“四正手”。其动作技击含义见P90“左揽雀尾”技击含义。

## 【动作口诀】

掤捋挤按需认真，弓步坐步立腰身。

# 第九式 单鞭

**动作 1**

接上式，身体向左转，重心移至左腿；左腿屈膝，右脚尖内扣；左手随体转平撑于身体左前侧，掌心向外，腕与肩高，掌指向上；右手向下经腹前划弧左腹前，掌心斜向上，掌指向左下；眼视左手方向。（图9-1、9-2）

**教学口令** 扣脚转体落手。

**动作方向** 身体面向东南方。

（图9-1）

**动作要领**

① 上体正直，右脚尖尽量内扣。

② 松肩，垂肘，双臂撑圆。

⊗易犯错误

① 上体前俯，歪髋。

② 耸肩，双臂僵直。

（图9-2）

## 动作 ❷

身体向右转，重心移至右腿；右腿屈膝，左脚提收于右脚内侧，前脚掌踏地；右手向上经面前上举于右前侧，掌变勾手，腕与肩平，勾尖向下；左手向下划弧经腹前上举于右肩前，掌心向内，掌指侧向上；眼视勾手方向。（图9-3、9-4、9-5）

**教学口令** 勾手收脚。

**动作方向** 身体面向西南方。

（图9-3）

（图9-4）

**动作要领**

① 上体正直，腰髋松沉，双肘微屈。

② 右勾手方向以不超过右侧前45度方向为宜。

（图9-5）

⊗易犯错误

① 耸肩，突臀，左右歪髋。

② 转体幅度大，身体重心向右倾倒。

## 动作 3

身体微向左转，左脚提起向前迈步，脚跟先着地；左手随身体转动，经面前向左划弧；眼视左手方向。（图9-6）

**教学口令** 转体迈步。

**动作方向** 身体面向南方。

**动作要领**

① 左脚迈出，其方向应微偏左，保持两脚合理距离。

② 立身中正，肩肘松沉。

（图9-6）

⊗易犯错误

① 重心起伏，双肩耸起，突臀。

② 身体前俯，左右歪髋。

**动作 4**

身体向左转，重心前移，左脚全脚掌着地踏实，左腿屈膝，慢慢向前弓出，右脚跟稍后蹬外展，成左弓步；左手继续向体前推出，转动掌心向外，腕与肩平，掌指向上，右勾手背与肩高；眼视左手方向。（图9-7、9-7正面）

**教学口令** 弓步推掌。

**动作方向** 身体面向东南方。

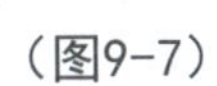

（图9-7）

（图9-7）正面

**动作要领**

① 上体正直，松腰沉髋。

② 沉肩垂肘，左肘左膝、右肘右膝上下相对，弓步、推掌应协调一致。

③ 左脚迈出方向略偏左，以免双脚在同一直线上。

**⊗易犯错误**

① 俯身突臀，重心起伏。

② 耸肩扬肘，手脚动作脱节。

## 单鞭

**【动作连贯示意图】**

**【动作诠释】**

单鞭的动作造型是杨式太极拳风格套路中极具代表性的动作之一。此动作由于双臂前后分展，犹如一条舒卷自如的长鞭，故得名。

单鞭动作的全过程要体会动作开与合的有机配合，即开中有合，合中寓开，开合相济的原理。当然，此原理不仅针对此式，式式都要求注意。太极拳理论中提到身法“外三合”之说，即“肩与胯合”、“手与脚合”、“肘与膝合”，在此式动作中表现最明显。手、臂与腿、脚，均含有上下垂直相对之意。所谓“相合”不应片面、教条地理解为动作外形必须绝对垂直相对，而是在运动中注重动作的衔接，身体各部位关节的相对协调、和顺，强调杨式太极拳动作“立身中正安舒”、“沉稳浑厚”的整体性和完整性。

单鞭拳势的动作过程并不复杂，但动作要圆润流畅，不得有间断、停顿之势。譬如：身体左转时，身体重心移于左腿，同时右脚内扣，右手随体转向外平撑，右手随之下落于左肋部。动作顺序思路要清晰。身体左右转动，要注意强调腰髋的转动必须协调一致。左转体弓步时，松腰、沉髋，以腰髋的转动带动左臂向上、向前的弧形运动轨迹。但运动时左掌指不可超过上眉，动作要一气呵成。定式时，左臂与右臂的夹角应在135度为宜。左掌与左腿的弓步方向一致，左掌指与鼻平齐，掌心侧向前，虎口撑圆，意贯左臂外侧。右勾手的动作方向为右后45度。右勾背略高于肩，但右腕关节不可死折、力达勾背。此时立身中正，含胸舒背，肩要松沉，肘要下垂。双臂的动作外形圆活、饱满，沉稳中寓轻灵之意，舒展中含紧凑之感。要体会拳谚所云：“以心行气，务沉着，乃能收敛入骨所谓‘命意源头在腰隙也’。”

**【技击含义】**

单鞭的用法较多，我们可以理解为对方从右后上方打来，我即转身用右勾手化解，用勾手勾挂对方进攻，用勾背进击对方下颌和胸部。如对方离身较近，即用肘打；如对方已贴身，即用靠劲，以左云掌进击对方脸面。

**【动作口诀】**

展脚扣脚体右转，弓步勾手臂要圆。

## 第十式 云手

### 动作 1 左云手

接上式，身体向右转，左脚尖内扣，重心移至右腿，右腿屈膝；左手向下经腹前向右划弧于右肋前，掌心斜向上；掌指向右，右勾手变掌，右臂平举于右侧前，腕与肩高，掌心向外，掌指向上；眼视右手方向。（图10-1、10-2）

**教学口令** 转体落手。

**动作方向** 身体面向西南方。

（图10-1）

（图10-2）

**动作要领**

① 上休正直，腰髋松沉。
② 松肩垂肘，双臂成弧形。

**⊗易犯错误**

① 重心起伏，身体向右倾倒。
② 耸肩，双臂僵直。

## 动作 ❷ 左云手

身体向左转，重心移至左腿，左腿屈膝，右脚跟提起；左手向上经面前划弧于体前，掌心向内与眼平，掌指向上，右手向下划弧于腹前，掌指斜向下，掌心斜向上；眼视左手方向。（图10-3、10-4）

**教学口令** 转体左云。

**动作方向** 身体面向南方。

**动作要领**

① 上体正直，腰髋松沉。
② 松肩垂肘，双臂撑圆。

（图10-3）

**⊗易犯错误**

① 上体前俯，突臀。
② 耸肩，扬肘。

（图10-4）

### 动作 ③ 左云手

身体继续向左转，重心在左腿，右脚提收于左脚内侧，前脚掌先落地，再全脚掌踏实；左手翻掌外撑于左肩前外，掌心向外，掌指向上，腕与肩平；右手向左划弧于左肋前，掌心斜向上，掌指向左；眼视左手方向。（图10-5、10-5背面）

**教学口令** 收脚翻掌。

**动作方向** 身体面向东南方。

（图10-5）

（图10-5）背面

**动作要领**

① 右脚内收，双脚距离与肩同宽，双脚尖向前，双膝、双脚尖相对。

② 上体正直，松肩垂肘，双臂撑圆。

③ 转体、双手运转应协调一致，同时完成。

**⊗易犯错误**

① 左右脚间距过小，右腋紧夹身体。

② 耸肩，身体前俯，突臀。

（图10-6）

**动作 ④ 右手云**

身体向右转，重心移至右腿，左脚跟提起；右手向上经面前划弧于体前，掌心向内，掌指向上，腕与肩高；左手向下划弧于腹前，掌心斜向上，掌指向右；眼视右手方向。（图10-6、10-7）

**教学口令** 转体右云。

**动作方向** 身体面向南方。

**动作要领**

① 身体右转，重心要稳固，左脚跟提起，其速度与右手速度要协调一致。

② 上体正直，腰髋松沉，双臂撑圆。

**⊗易犯错误**

① 上体前俯，突臀。

② 耸肩，扬肘。

（图10-7）

**动作 5　右手云**

身体继续向右转，重心在右腿；左脚向左横迈一步，前脚掌先踏地，再全脚掌踏实；右手翻掌外撑于右肩前外，掌心向外，腕与肩平，掌指向上；左手向右划弧于右肋前，掌心斜向上，掌指向右；眼视右手方向。（图10-8、10-8背面）

**教学口令** 出步翻手。

**动作方向** 身体面向西南方。

（图10-8）

（图10-8）背面

**动作要领**

① 上体正直，双脚尖均向前。

② 身体转动要以腰为轴，松腰沉胯，双臂运转自然圆活。

③ 横跨步、右掌外撑、左手划弧协调一起完成。

**⊗易犯错误**

① 双脚距离过小，身体前俯，突臀，左腋紧夹身体。

② 耸肩，手脚动作不协调。

### 动作 6 左云手

接上式，身体向左转，重心移于左腿，左腿屈膝；随体转，左手向上划弧于面前，掌心向内，掌指斜向上；右手向下落于右腰侧，掌心向下，掌指侧向前；眼随体转向前平视。(图10-9)

**教学口令** 转体左云。

**动作方向** 身体面向南方。

**动作要领**

① 身体转动要以腰为轴，松腰沉胯，双臂运转自然圆活。

② 上体正直，腰髋松沉，双臂撑圆。

**⊗易犯错误**

① 上体前俯，突臀。

② 耸肩，扬肘。

（图10-9）

### 动作 7 左云手

文字参看左云手动作2～3动作描述，图片参看10-3~10-5。

### 动作 8～9 右云手

文字参看右云手动作4～5动作描述，图片参看图10-6~10-8。

### 动作 10~11 左云手

文字参看左云手动作2～3动作描述，图片参看10-9，10-3~10-5。

**注：**左、右云手动作是重复性动作，因此左、右动作过程一样，“要领”、“易犯错误”相同。但要注意以腰为轴转腰带手，重心移动、腰的旋转和手的运动要同时完成，配合协调，身体不可起伏，保持平稳，两手交错向左右划立圆。左、右云手定式时，以保持在身体右、左侧前45度方向为宜。侧行步双脚交替支撑，重心移动虚实要分明，收脚和横向迈步要轻起轻落，上体保持中正，双臂保持弧形，肩放松，两腋不可紧夹身体。

## 云手

**【动作连贯示意图】**

❶ ❷ ❸ ❹ ❺

❻ ❼ ❽ ❾ ❿

⓫ ⓬ ⓭ ⓮ ⓯

⓰ ⓱ ⓲ ⓳

【动作诠释】

在二十四式套路中，云手的动作有左右之分，是唯一的一组身体重心左右移动、横向出步也叫侧行步的运动形式。在套路中相继出现的顺序为左云手→右云手→左云手→右云手→左云手。因而身体重心的稳定就至关重要。髋关节要保持与地面的水平位置移动。腰髋松沉不仅保证了身体重心的稳定，同时也为双脚的侧行开步、收步，提供了有力的肌体保证。在侧行步中，随身体重心的左右移动，双脚轮流踏实支撑，双腿的动作虚实要分明，要掌握“轻提、慢落”的步法规律，即左脚能轻松提起向左侧迈出，右脚也能轻灵地提起向左脚靠近。一般地讲，侧行步的步幅要合度，即是以右腿支撑，左腿自然伸直横行迈出一步，以前脚掌轻轻落地为宜。右脚的提收同样也是以前脚掌踏地支撑，身体重心保持平稳地左右过渡，上体不可俯身、歪斜、摇晃。双脚的脚尖向前，双膝关节保持与双脚同向。也就是我们平常所讲的“点起点收”。双脚的横向距离不可大于肩宽，同时也不可小于双脚靠拢。如果双脚靠拢，则身体极易失去重心，不易保持平衡。

立身中正，身体随纵轴左右转动，上体以扇面活动范围转动，带动双臂运转。双臂在体前反向轮流交错立圆搅动，其劲力也在不断地变化。以右臂为例，右臂由左肩前到体右侧前的动作过程，右臂逐渐内旋翻转掌心向外，其劲力为“掤劲”；右掌由右侧前下落到右腰髋部位时，其劲力为“掤按劲”；由右侧经腹前到左腹前时，右掌臂为“下掤劲”；由左腹前到左肩前时，力贯掌指为“抄裹劲”。劲力变化过程掤劲—按劲—掤劲—抄裹劲。左右相同，身体转动的幅度分别以左侧前45度、右侧前45度为宜，不可超过180度，否则身体重心极易偏斜，产生身体向后倾倒的现象。双臂在运转过程中，均要保持弧形，松肩垂肘、含胸拔背，上手掌指与上眉平齐，称之为“上齐眉”，与身体的距离为本人四拳距离。下手掌指与腹齐，称之为“下齐腹”，与身体的距离为本人两拳的距离。距离过大动作显得零散、破碎。距离太小，动作显得拘谨、无力。双掌的运转与左脚的迈出、右脚的回收、身体重心的移动要同时同向，协调配合进行。不可肩关节先动，上下动作脱节、不相随，形成身体扭动。掌随体转，眼随掌动，精神提起。要体会拳谚所云：“太极者元也，无论内外、上下、左右，不离此方也。元之出入，方之进退，随方就元之往来也。方为开展，元为紧凑。方圆规矩之至，其孰能出此以外乎！”

【技击含义】

对方用左、右拳或掌连续进击，我则用左、右前臂或掌云拨对方的进击，破解对方，同时用一掌进击对方软肋。

【动作口诀】

重心稳固侧行步，沉髋转腰臂撑圆。

## 第十一式 单鞭

**动作 1**

接上式，身体向右转，重心在右腿，左脚跟提起，收于右脚内侧；右手向上经面前向右划弧于右肩前外，掌变勾手，勾尖向下，腕略高于肩；左手向下经腹前划弧，上举于右肩前，掌心向内，掌指斜向上；眼视勾手方向。（图11-1、11-2）

**教学口令** 勾手收脚。

**动作方向** 身体面向西南方。

（图11-1）

（图11-2）

**动作要领**

① 上体正直，松腰松胯，双肘微屈。

② 右勾手方向在体右侧前45度，双手动作与收脚速度协调配合。

**⊗易犯错误**

① 耸肩，身体重心右倾。

② 重心起伏，勾手方向不准确。

（图11-3）

**动作 ②**

身体微向左转，左脚提起向前迈步，脚跟先着地；左手随身体转动，经面前向左划弧；眼视左手方向。（图11-3）

**教学口令** 转体迈步。

**动作方向** 身体面向南方。

**动作要领**

① 左脚迈出，其方向应微偏左，保持两脚合理距离。

② 立身中正，肩肘松沉。

**⊗易犯错误**

① 重心起伏，双肩耸起，突臀。

② 身体前俯，左右歪髋。

**动作 ③**

身体向左转，重心移至左腿，左脚全脚掌着地踏实，左腿屈膝，慢慢向前弓出，右脚跟稍后蹬外展，成左弓步；左手继续向体前推出，转动掌心向外，腕与肩平，掌指向上，右勾手背与肩高；眼视左手方向。（图11-4、11-4正面）

**教学口令** 弓步推掌。

**动作方向** 身体面向东南方。

（图11-4）

（图11-4）正面

**动作要领**

① 上体正直，松腰沉髋。

② 沉肩垂肘，左肘左膝、右肘右膝上下相对，弓步、推掌应协调一致。

**⊗易犯错误**

① 俯身，突臀，重心起伏。

② 耸肩，扬肘，手脚动作脱节。

## 单鞭

**【动作连贯示意图】**

**【动作诠释】**

此式单鞭动作与第九式单鞭动作的定式是一样的，也是二十四式太极拳套路中重复出现的动作之一。

此式【动作诠释】同第九式单鞭【动作诠释】。

**【技击含义】**

单鞭的用法较多，我们可以理解为对方从右后上打来，我即转身用右勾手化解；用勾手勾挂对方进攻，用勾背进击对方下颌和胸部。如对方离身较近，即用肘打；如对方已贴身，即用靠劲，以左云掌进击对方脸面。

**【动作口诀】**

展脚扣脚体右转，弓步勾手臂要圆。

## 第十二式 高探马

### 动作 1

接上式，重心在左腿，右脚提起向前跟半步，前脚掌踏地；左手略松，掌心向下，掌指向前与肩平；右勾手提于体右后侧，勾尖向下；眼视左手方向。（图12-1、12-1正面）

**教学口令** 跟步松手。

**动作方向** 身体面向东南方。

（图12-1）

（图12-1）正面

**动作要领**

① 重心稳固，右脚跟步，身体姿势才平稳。

② 身体中正，双肩放松，双臂微屈。

**⊗易犯错误**

① 跟步距离过大，造成身体前倾。

② 耸肩，双臂僵直。

**动作 ②**

身体微向右转，重心移至右腿；右脚全脚掌着地踏实，右腿屈膝，身体重心后坐，左脚跟提起；双手翻转掌心向上，平举于身体两侧，腕与肩同高；眼视右手方向。（图12-2）

**教学口令** 后坐翻掌。

**动作方向** 身体面向南方。

**动作要领**

① 右脚全脚掌落地踏实，右脚尖方向与前进方向成45度。

② 双肩松沉，双肘微屈。

（图12-2）

**⊗易犯错误**

① 身体右倾，双臂僵直。

② 重心右移过快，动作不协调。

**动作 ③**

身体微向左转，重心在右腿，左脚提起，前脚掌点地，成左虚步；随体转，右手屈肘收于右耳侧，掌心向前，掌指侧向上，左手掌心向上，掌指向前，平举于体前；眼随体转向前平视。（图12-3）

**教学口令** 转体屈臂。

**动作方向** 身体面向东南方。

**动作要领**

① 上体正直，腰髋松沉。

② 双肩松沉，双臂撑圆。

**⊗易犯错误**

① 耸肩，扬肘，左右歪髋。

② 身体歪斜，动作姿势起伏。

（图12-3）

### 动作 4

身体向左转，重心在右腿，前脚掌点地，成左虚步；随体转，右手经耳侧向前推出，腕与肩平，掌指向上，掌心向前；左手屈臂收于腹前，掌心向上，掌指向右；眼视右手方向。（图12-4、12-4正面）

**教学口令** 虚步推掌。

**动作方向** 身体面向东方。

**动作要领**

① 上体正直，腰髋松沉，双肩松沉。
② 胸微内含，双臂撑圆。

（图12-4）

（图12-4）正面

**⊗易犯错误**

① 耸肩，扬肘，左右歪髋。
② 身体歪斜，动作姿势起伏。

## 高探马

**【动作连贯示意图】**

**【动作诠释】**

高探马的动作也是传统杨式太极拳套路中高架虚步动作之一，它的动作过程强调了此动作身法变化的重要性。在向左转身的时候，首先要注重的是虚领顶劲，尾闾中正，即以腰髋的转动带动身体沿纵轴的旋转，使得左脚随身体的转动能轻松地提起前移。左脚的落点要稍偏左，双脚的距离与肩同宽，以避免双脚在同一直线上。左脚、右脚、身体重心垂线三点确定了动作姿势的稳定性。在大幅度转体的情况下右掌借势经耳旁向前推出，左臂的回带，左掌的松沉回收，含有借劲，引带化解之意。左掌的回收，右掌的展伸，左脚的踏地虚步，均随腰髋的转动上下相随、协调配合进行。身形上，腰髋的转动，身体的重心具有向上的提拔之意，同时也使得双膝关节随之向上展伸。腰身的拔伸体现了传统杨式太极拳尾闾中正、虚领顶劲的含义。含胸拔背，松肩垂肘，使得双臂的劲力有机地贯穿，成为一体。但右掌、左臂劲力的轻与重，虚与实，要合理的分配，要达到拳谚所云："半轻半重不为病；偏轻偏重为病。半者，半有着落也，所以不为病；偏者，偏无着落也，所以为病。偏无着落也，必失方圆；半有着落，岂出方圆？"

**【技击含义】**

腰髋的转动加强右手的攻击力，同时左手于腹前是防卫的意思，这一攻一防恰恰体现出太极拳刚柔的体现。

**【动作口诀】**

沉髋转体虚步做，松肩垂肘臂撑圆。

## 第十三式 右蹬脚

**动作 1**

接上式，身体微向右转，重心仍在右腿，左脚提收于右脚内侧（脚尖可不着地）；左手由右手背上向上穿出，双手背相对，两手交叉，腕与肩平；双掌指斜向上，眼随身体转动向前平视。（图13-1）

**教学口令** 收脚穿掌。

**动作方向** 身体面向东南方。

**动作要领**

① 上体正直，重心稳固于右脚。

② 双肩松沉，双肘下垂，双臂撑圆。

**⊗易犯错误**

① 上体左右歪斜，耸肩，抬肘。

② 双臂紧夹身体。

（图13-1）

### 动作 ❷

身体向左转，重心在右腿，左脚提起向左前迈步，脚跟先落地，左手翻转掌心向外，双手平举于体前，腕与肩同高，掌指向上，掌心向外；眼向前平视。（图13-2、13-2正面）

**教学口令** 转体迈步。

**动作方向** 身体面向东北方。

**动作要领**

① 左脚迈出角度在左侧前45度方向。

② 上体正直，沉肩垂肘，双臂撑圆。

（图13-2）

（图13-2）正面

**⊗易犯错误**

① 身体前俯，突臀。

② 仰身，双臂挺直。

### 动作 ③

重心移至左腿，左脚全脚掌踏实，左腿屈膝慢慢向前弓出，成左弓步；双手向体两侧平撑分开，腕与肩同高，掌指向上，掌心均向外；眼视右手方向。（图13-3、13-3正面）

**教学口令** 弓步撑掌。

**动作方向** 身体面向东北方。

**动作要领**

① 上体正直，腰髋松沉。

② 双臂要自然撑圆，松肩，双肘下垂。

（图13-3）

（图13-3）正面

**⊗易犯错误**

① 上体前俯，耸肩，突臀。

② 双臂僵直。

### 动作 4

重心在左腿，右脚提收于左脚内侧，前脚掌踏地；双手从体两侧向腹前划弧合抱，右手在外，左手在内，掌心侧向上，掌指向体两侧；眼向前平视。（图13-4、13-4正面）

**教学口令** 收脚合抱。

**动作方向** 身体面向东北方。

**动作要领**

① 身体保持中正，松腰松胯。

② 肩放松，双臂成弧形。

**⊗易犯错误**

① 上体歪斜，重心起伏。

② 左右突髋，合抱时双臂僵直。

（图13-4）

（图13-4）正面

### 动作 5

重心在左腿，左脚支撑，右腿屈膝提起，脚尖自然下垂；双手合抱由腹前向上举于肩前，掌心向内，双掌指侧向上；眼向前平视。（图13-5、13-5正面）

**教学口令** 提膝举手。

**动作方向** 身体面向东北方。

**动作要领**

① 身体中正，右膝上提，重心稳固在左腿。

② 双肩放松，双臂交叉合抱撑圆。

**⊗易犯错误**

① 身体后仰，双肘上扬。

② 耸肩，双臂僵直。

（图13-5）　（图13-5）正面

（图13-6）

**⊗易犯错误**

① 上体后仰，耸肩。

② 双肩与右腿成“十字形”。

### 动作 ⑥

身体微微向右转，重心在左腿，左腿支撑，双手微向上掤经面前向两侧平撑分开，腕与肩平，掌心向外，掌指向上；右脚以脚跟用力向右前蹬出；眼视右手方向。（图13-6）

**教学口令** 分手蹬脚。

**动作方向** 身体面向东方。

**动作要领**

① 立身中正，双臂撑圆。

② 右脚蹬出脚跟与腰平，右臂与右腿上下相对。

## 右蹬脚

**【动作连贯示意图】**

**【动作诠释】**

右蹬脚的动作是传统杨式太极拳套路中腿法的一种，是以一腿支撑，另一腿脚尖回勾，力达脚跟，向前蹬出。

蹬脚的动作练习的时候，首先要虚领顶劲，立身中正，竖腰立项，以保持身体纵轴的重心稳固。松肩垂肘，双臂撑圆，同样是为了加强身体重心的稳定，避免了耸肩扬肘所造成的身体重心上浮，呼吸紧张，上重下轻的弊病出现。在传统杨式太极拳套路练习时，对于蹬脚的动作要求是：脚蹬出后，蹬脚的腿并不是完全伸直，而是略微屈膝，目的就是蹬脚的同时，留有适当的余地，既可以瞬间发力加强力度，又可以在不力的情况下迅速将脚回收，而且蹬脚的高度是以对方膝关节与腰髋的高度为攻击部位，突出强调了蹬脚动作的技击含义。动作的时候，蹬脚的主力腿与上臂要上下相对，同样是加强了技击力度的同时，尽量避免将自己的正面暴露给对方，所以为顺势。

**【技击含义】**

对方以双拳、掌进击，我以掌拨开对方的进击，随即以脚蹬踹对方使其倾倒。

**【动作口诀】**

立身撑臂右蹬脚，虚领顶劲式不偏。

# 第十四式 双峰贯耳

**动作 ❶**

接上式，身体微向右转，重心在左腿，左腿支撑，右腿屈膝提收，脚尖自然下垂；左手随身体转动向上、向前落于体前，双掌心翻转向上，掌指向前，再由体前向下划弧，分落于右膝两侧，掌心向上；眼向前平视。（图14-1、14-2）

**教学口令** 提膝举手。

（图14-1）

（图14-2）

**动作方向** 身体面向东南方。

**动作要领**

① 立项竖腰，提膝，上体保持正直。

② 松肩，双臂撑圆。

**⊗易犯错误**

① 俯身，身体重心前倾。

② 耸肩，双臂僵直。

**动作 ❷**

左腿屈膝下蹲，右脚向前落步，脚跟先落地；双手由膝外侧向下划弧落于髋两侧，掌心斜向上，掌指斜向前下；眼向前平视。（图14-3）

**教学口令** 迈步落手。

**动作方向** 身体面向东南方。

**动作要领**

① 立身中正，左腿屈膝下蹲速度匀缓。

② 落步与双手下落动作协调完成。

**⊗易犯错误**

① 右脚前落速度太快，出现“抢步”现象。

② 手脚动作脱节，不协调。

（图14-3）

（图14-4）

**动作 ❸**

重心移至右腿，右脚全脚掌着地踏实，右腿屈膝慢慢向前弓出，成右弓步；双手握拳，分别从体两侧稍向后，再向前上划弧至面前，双拳与耳平，拳眼斜向内；眼向前平视。（图14-4、14-4正面）

**教学口令** 弓步贯拳。

**动作方向** 身体面向东南方。

**动作要领**

① 立身中正，腰髋松沉。

② 双肩松沉，双肘下沉，双臂撑圆。

（图14-4）正面

**⊗易犯错误**

① 身体前俯突臀，重心起伏。

② 耸肩，双臂伸直，双拳过于高举。

**【动作诠释】**

目前在社会上流传的杨式太极拳动作名称中，此动作的名称多为“双峰”贯耳，是形容双拳如同两座山峰夹击，足以说明双拳的力度；还有的称之为“双封”贯耳，是说明双拳同时封闭圈打的含义；也有的称之为“双风”贯耳，是指双拳的动作速度快而有力。虽然字面不同，但含义相同。

双峰贯耳的动作练习时，首先要注意身体中正，不可因为向前的贯拳圈打，而造成上体前俯，那么必然产生向后的突臀现象，身体重心向前倾斜。双拳的圈打动作要与弓步的形成同时协调完成，双掌于腰侧握拳，双臂同时向内旋转，双拳从身体两侧划弧形向头前贯打。双拳的贯打动作完成时要腰髋松沉，松肩沉肘，含胸拔背，肩背舒展，双臂撑圆。左脚的向前的弓蹬之力要于腿、于腰、于肩，节节贯穿，意贯双拳。双拳的高度与太阳穴平齐。要如拳谚所云：“轻灵活泼求懂劲，阴阳既济无滞病。若得四两拨千斤，开合鼓荡主宰定。”

**【技击含义】**

我以双拳或双掌进击对方，对方用手向下按压，我即顺势向下松沉化解，然后双臂环绕向前，用双拳进击对方头部。

**【动作口诀】**

双峰贯耳身法正，沉肩垂肘臂要圆。

## 第十五式 转身左蹬脚

### 动作 1

接上式，身体向左后转，重心移至左腿，右脚尖内扣，随身体转动，双拳变掌，向左右划弧平撑分开，腕与肩同高，掌心向外，掌指向上；眼视左手方向。（图15-1、15-1背面、15-2、15-2正面）

**教学口令** 扣脚转体撑臂。

**动作方向** 身体面向东北方。

**动作要领**

① 右脚尖内扣幅度要大，以达到转身自如的程度。

② 上体正直，双肩放松，双臂成弧形。

（图15-1）

（图15-1）背面

（图15-2）

（图15-2）正面

**易犯错误**

① 身体前倾，突臀。

② 扣脚幅度小，影响转体动作的完成。

**动作 ❷**

身体微向右转，重心移至右腿；左脚提收于右脚内侧，前脚掌踏地；双手向下划弧，两腕交叉，合抱于腹前，左手在外，右手在内，掌心向上；掌指向体两侧。眼随身体转动向前平视。（图15-3、15-3正面）

**教学口令** 收脚合抱。

**动作方向** 身体面向东北方。

（图15-3）

（图15-3）正面

**动作要领**

① 立身中正，身体重心移动要平稳。
② 双肩放松，双臂交叉合抱撑圆。

**⊗易犯错误**

① 身体前俯，突臀。
② 耸肩，双臂紧夹身体。

### 动作 ③

重心在右腿，右腿支撑，左腿屈膝上提，脚尖自然下垂，双手合抱由腹前上举至肩前，掌心向内，双掌指侧向上；眼向前平视。（图15-4、15-4正面）

**教学口令** 提膝举手。

**动作方向** 身体面向北方。

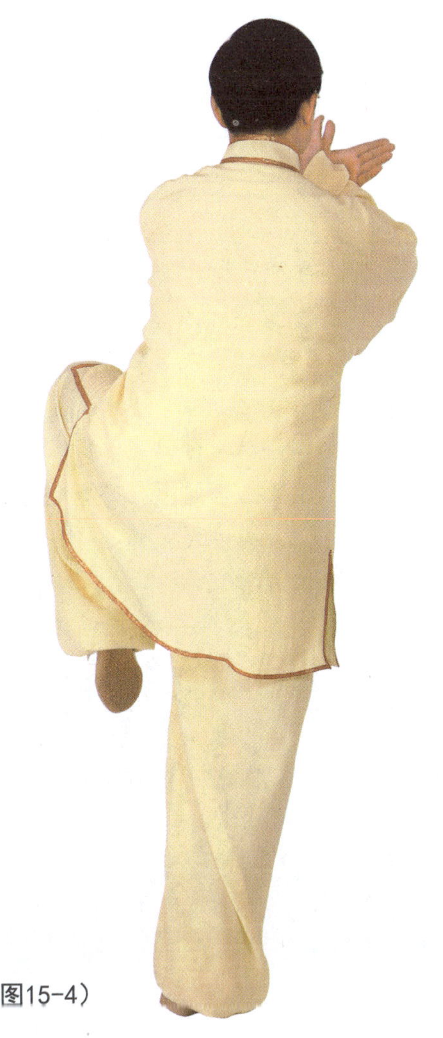

（图15-4）

（图15-4）正面

**动作要领**

① 身体中正，左膝上提，重心稳固在右腿。

② 双肩放松，双臂交叉合抱撑圆。

**⊗易犯错误**

① 身体后仰，双肘上扬。

② 耸肩，双臂僵直。

### 动作 ❹

身体微向左转，重心在右腿，右腿支撑；双手微向上，经面前向两侧平撑分开，腕与肩平，掌心向外，掌指向上；左脚以脚跟用力向左前蹬出；眼视左手方向。（图15-5）

**教学口令** 分手蹬脚。

**动作方向** 身体面向西北方。

**动作要领**

① 立身中正，双臂撑圆。

② 左脚蹬出脚跟与腰平，左臂与左腿上下相对。

**⊗易犯错误**

① 上体后仰，耸肩。

② 双肩与左腿成“十字形”。

（图15-5）

## 转身左蹬脚

【动作连贯示意图】

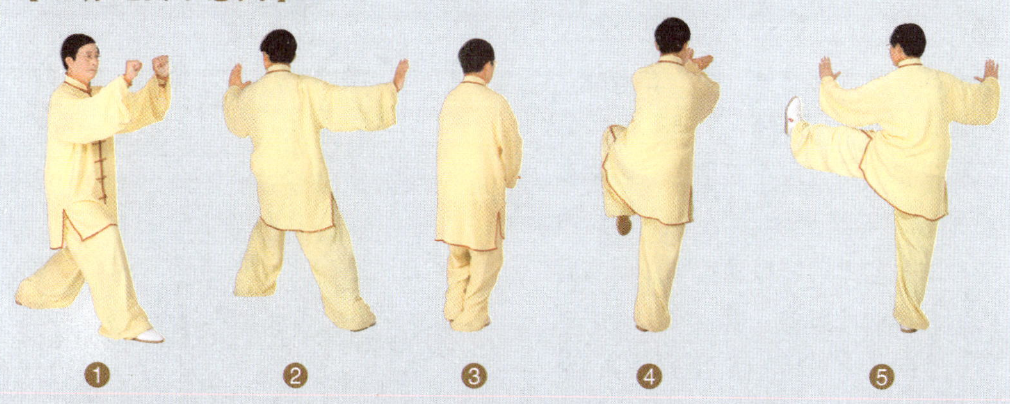

【动作诠释】

转身左蹬脚的动作同样是杨式太极拳套路中腿法的一种，同是以一腿支撑，另一腿脚尖回勾，力达脚跟，向前蹬出。

此式动作身体转动的幅度比较大，基本上是180度。所以右脚内扣的角度要尽量大，便于身体转动灵活。随身体向左转动，身体重心平稳左移，然后重心再回到右腿，双手合抱上举。练习蹬脚的动作时，首先要虚领顶劲，立身中正，竖腰立项，以保持身体纵轴的重心稳固。松肩垂肘，双臂撑圆，同样是为了达到加强身体重心的稳定，避免了耸肩扬肘所造成的身体重心上浮，呼吸紧张，上重下轻的弊病出现。在传统杨式太极拳套路练习时，对于蹬脚的动作要求是，脚蹬出时，蹬脚的腿并不是完全伸直，而是略微屈膝，目的就是蹬脚的同时，留有适当的余地，既可以瞬间发力加强力度，又可以在不力的情况下速速将脚回收，而且蹬脚的高度是以对方膝关节与腰髋的高度为攻击部位，突出强调了蹬脚动作的技击含义。动作的时候，蹬脚的主力腿与上臂要上下相对，同样是加强了技击的力度的同时，尽量避免将自己的正面暴露给对方，所以为顺势。

【技击含义】

对方以双拳、掌进击，我以掌拨开对方的进击，随即以脚蹬踹对方使其倾倒。

【动作口诀】

扣脚转体双臂撑，分手蹬脚身中正。

## 第十六式 左下式独立

(图16-1)

**动作 1**

接上式，身体向右转，重心在右腿，左腿屈膝收回下落，前脚掌落地，（脚尖自然下垂可不着地）；右掌变勾手，腕略高于肩，平举于身体右侧；左手向上向右经面前划弧于右臂内侧，掌心向右后，掌指向上；眼视勾手方向。（图16-1、16-1正面）

**教学口令** 勾手落脚。

(图16-1) 正面

**动作方向** 身体面向东北方。

**动作要领**

① 重心稳固，身体正直。

② 肩肘松垂，双臂成弧形。

**⊗易犯错误**

① 身体歪斜，左右突髋。

② 耸肩，直臂。

重心在右腿，右腿屈膝下蹲，左腿向左（偏后）伸出，左膝伸直，左脚尖内扣，双脚掌踏实，成左仆步；左手落于右肩前，掌心向右，掌指向上，右勾手平举于体右侧；眼视勾手方向。(图16-2、16-2正面)

**教学口令** 屈蹲仆步。

**动作方向** 身体面向东北方。

（图16-2）

**动作要领**

① 左腿伸出，左脚尖应与右脚跟在同一直线上，双脚着地踏实，以保持身体平稳。

② 右腿屈蹲，左腿伸出，动作应协调完成。

③ 上体保持正直，沉肩垂肘。

**⊗易犯错误**

① 身体前倾，突臀。

② 耸肩扬肘，右腿屈蹲，左腿伸出，动作不协调。

（图16-2）正面

### 动作 3

重心在右腿，右腿屈膝下蹲，左腿成左仆步；左手落于右肋前，掌心向右，掌指向上，右勾手平举于体右侧；眼视勾手方向。（图16-3、16-3正面）

**教学口令** 沉髋落手。

**动作方向** 身体面向东北方。

（图16-3）

（图16-3）正面

**动作要领**

① 上体保持正直，沉肩垂肘。

② 腰髋松沉，松肩。

**⊗易犯错误**

① 身体前倾，突臀。

② 耸肩，左腿弯曲。

## 动作 

身体向左转，重心在右腿，右腿全蹲。左手翻转掌心向外，沿左腿内侧向前穿出，掌心向右，掌指向前，右勾手略高于肩，勾尖向下，举于体前右侧；眼视左手方向。（图16-4、16-4正面、16-5、16-5正面）

**教学口令** 仆步穿掌。

**动作方向** 身体面向西北方。

（图16-4）

**动作要领**

① 左手前穿时，上体微前探。

② 双肩放松，腰髋松沉。

**⊗易犯错误**

① 上体过于前倾，身体重心不稳。

② 耸肩扬肘，上体挺直。

（图16-4）正面

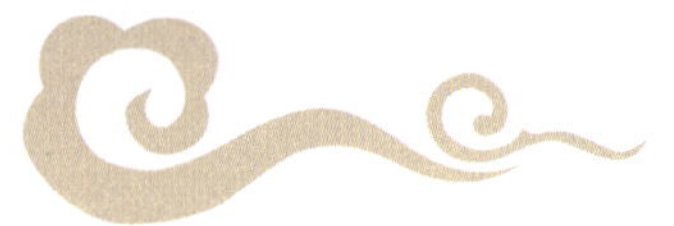

（图16-5）

（图16-5）正面

（图16-6）

## 动作 5

身体微向左转，重心移至左腿，左脚以脚跟为轴脚尖外展，屈膝前弓；右脚以脚跟为轴内扣，右腿蹬直，向前起身成左弓步；左手向前立掌挑起，腕与肩平，掌心侧向前，掌指向上，右勾手下落于体后，转动勾尖向上；眼视左手方向。（图16-6、16-6正面）

**教学口令** 弓步起身。

**动作方向** 身体面向西方。

**动作要领**

① 左脚尖先外展，随重心左移，再右脚尖内扣，内扣幅度尽量大，以保证弓步的形成。

② 上体正直，腰髋松沉。

**⊗易犯错误**

① 俯身突臀，身体歪斜。

② 耸肩，双臂紧夹身体。

（图16-6）正面

## 动作 6

重心在左腿，左腿支撑，右腿屈膝上提，脚尖自然下垂，成左独立式；左手翻转掌心向下，按落于左髋旁，掌指向前；右勾手变掌顺右腿外侧向前上划弧，屈臂挑掌于右膝上，掌心侧向前，掌指向上，手与眼平；眼向前平视。（图16-7）

**教学口令** 独立挑掌。

**动作方向** 身体面向西方。

**动作要领**

① 立腰竖项，左支撑腿重心要稳固。

② 上体正直，松肩，双肘微屈，肘膝相对。

**⊗易犯错误**

① 身体前俯，躬身突臀。

② 耸肩，双臂紧夹身体。

（图16-7）

【动作诠释】【技击含义】【动作口诀】同P151"右下式独立"动作。

# 第十七式 右下式独立

**动作 1**

接上式，重心在左腿，右脚于体前下落，前脚掌踏地；双手保持上式动作不变；眼向前平视。（图17–1）

**教学口令** 举手落脚。

**动作方向** 身体面向西方。

**动作要领**

① 右脚前落应落在与左脚横向距离10～20厘米，距左脚一脚远处。

② 上体保持中正。

**⊗易犯错误**

① 右脚落地位置不妥，身体重心不稳。

② 俯身突臀，耸肩。

（图17–1）

## 动作 ②

身体向左转，重心仍在左腿，以左脚前脚掌为轴，脚跟内转，右脚以前脚掌为轴，脚跟随之外展；左手向左后上举掌变勾，与肩平；右掌经面前划弧于左肩前，掌心向左后，掌指向上；眼视勾手。（图17-2）

**教学口令** 转体勾手。

**动作方向** 身体面向东南方。

**动作要领**

① 身体中正，重心稳固。

② 双肘微屈，双臂成弧形，转体与双手动作要协调。

**⊗易犯错误**

① 俯身突臀，耸肩。

② 重心不稳，左右歪髋。

（图17-2）

## 动作 ③

重心在左腿，左腿屈膝下蹲，右脚向后（偏右）伸出，右腿伸直，右脚尖内扣，双脚掌踏实成右仆步；右手落于左肩前，掌心向左，掌指向上，左勾手平举于体右侧；眼视勾手方向。（图17-3）

**教学口令** 屈蹲扑步。

**动作方向** 身体面向东南方。

**动作要领**

① 左腿伸出，左脚尖应与右脚跟在同一直线上，双脚着地踏实，保持身体平稳。

② 上体保持正直，沉肩垂肘。

### ⊗易犯错误

① 双脚在同一直线，重心不稳。

② 身体前倾，耸肩，扬肘，突臀。

（图17-3）

### 动作 4

重心在左腿，左腿屈膝下蹲，右腿后退成右仆步；右手落于左肋前，掌心向左，掌指向上，左勾手平举于体左侧；眼视勾手方向。（图17-4）

**教学口令** 沉髋落手。

**动作方向** 身体面向东南方。

**动作要领**

① 上体保持正直，沉肩垂肘。

② 腰髋松沉，松肩。

### ⊗易犯错误

① 身体前倾，突臀。

② 耸肩，左腿弯曲。

（图17-4）

### 动作 5

身体向右转，重心在左腿，左腿全蹲。右手翻转掌心向外，沿右腿内侧向前穿出，掌心向左，掌指向前；左勾手略高于肩，勾尖向下，举于体前左侧；眼视右手方向。（图17-5、17-6）

**教学口令** 仆步穿掌。

**动作方向** 身体面向西南方。

**动作要领**

① 左手前穿时，上体微前探。

② 双肩放松，腰髋松沉。

（图17-5）

（图17-6）

**⊗易犯错误**

① 上体过于前倾，身体重心不稳。

② 耸肩扬肘，上体挺直。

## 动作 6

身体微向右转，重心移至右腿，右脚以脚跟为轴脚尖外展，屈膝前弓；左脚以脚跟为轴内扣，左腿蹬直，向前起身成右弓步；右手向前立掌挑起，腕与肩平，掌心侧向前，掌指向上，左勾手下落于体后，转动勾尖向上；眼视右手方向。（图17-7）

（图17-7）

**教学口令** 弓步起身。

**动作方向** 身体面向西方。

**动作要领**

① 右脚尖先外展，随重心右移，再左脚尖内扣，内扣幅度尽量大，以保证弓步的形成。

② 上体正直，腰髋松沉。

**⊗易犯错误**

① 俯身突臀，身体歪斜。

② 耸肩，双臂紧夹身体。

## 动作 7

重心在右腿，右腿支撑，左腿屈膝上提，脚尖自然下垂，成右独立式；右手翻转掌心向下，按落于右髋旁，掌指向前；左勾手变掌顺左腿外侧向前上划弧，屈臂挑掌于左膝上，掌心侧向前，掌指向上，手与眼平；眼向前平视。（图17-8、17-8正面）

（图17-8）正面

**教学口令** 独立挑掌。

**动作方向** 身体面向西方。

**动作要领**

① 立腰竖项，右支撑腿重心要稳固。

② 上体正直，松肩，双肘微屈，肘膝相对。

（图17-8）

**⊗易犯错误**

① 身体前俯，弓身突臀。

② 耸肩，双臂紧夹身体。

## 右下式独立

**【动作连贯示意图】**

①　②　③　④

⑤　⑥　⑦　⑧

【动作诠释】

左右下式独立动作是二十四式太极拳套路中唯一的一组以仆步再紧接独立形式出现的动作。虽然有左右之分，但动作过程基本一样，腰髋的松沉，身形的中正，是仆步形成的动作关键，也是保持动作稳定的要领。当仆步形成后，腰髋的转动带动右掌沿右腿内侧向前穿掌。肩肘的松沉增加了右手穿掌的力度和左勾手向外撑力的内涵感觉。下势的动作也称之为“泻力法”，如对方用力过猛，我则顺势以下势动作缓解其力，此为“力过则泻”，又可称之为“补齐法”。若对方用力牵引我，它必定产生憋气现象，我若稍加力向后牵引，对方必定随之加力牵拉，憋气现象随之加重，我则顺势发之，彼必仰倒，此为“气过则补”。

独立式动作的重点就是要立身中正，虚领顶劲，动作姿态要挺拔。在挺拔之时还有注重身形的动作要领，即含胸拔背，松肩垂肘，肩背舒松。虽然是独立式，但也要做到力撑八面，从弓步到独立动作的完成，不仅是支撑腿的直起，更重要的是要以意领气，以气带动，虚领顶劲，身体才能沿纵轴直起，在动作过程中重心保持稳定，身体才能不偏不倚。在起身的同时，右掌翻转下落，为掤按劲；同时，左掌穿提，为擎劲。这一起一落，以意领为主，动作要轻灵、柔和、缓满，劲力要饱满。动作要和顺，上下要相随，肩髋要相对。右臂不仅具有向后的撑劲，右掌还含有向下的掤按之意。右肩松沉，但身体不可向右倾斜。左掌的穿提，意贯虎口的同时，左臂还具有向前的立掤劲。左肩背要舒松，沉肩垂肘，左掌指与鼻相平时，还要达到肘膝相对。这些动作完成的中心要点就是要尾闾中正，腰髋要松沉，含胸拔背，精神提起，意识放松，动作才能不僵拙，沉稳之中寓有轻灵，独立支撑八面，劲力节节贯通。

【技击含义】

对方以猛力进击，我则顺势以仆步化解其力及其来势，然后再反击。仆步是以腿为进的方法。独立之势则是对方意寓后撤时，我即跟进，一掌按其手，一掌托其臂，同时用脚攻击对方的下部。

【动作口诀】

仆步下式立腰身，虚领提膝身形稳。

## 第十八式 左右穿梭

### 动作 1 右穿梭

接上式，身体微向左转，重心在右腿，左脚向前（偏左）落步，脚跟先着地；左手屈臂挑掌于体前，腕与肩平，掌心侧向前，掌指向上；右手按于右髋旁，掌心向下，掌指向前；眼视左手方向。（图18-1）

**教学口令** 转体迈步。

**动作方向** 身体面向西南方。

**动作要领**

① 向左转体时，身体角度应在左前45度。
② 左脚迈出，右支撑腿应屈膝下蹲，这样迈步才能轻松自如。
③ 上体正直，松肩垂肘。

**⊗易犯错误**

①左脚迈出，右支撑腿重心过高，产生“抢步”现象。
②俯身突臀，耸肩。

（图18-1）

### 动作 ② 右穿梭

身体继续微向左转，左脚尖外展45度，重心移至左腿，全脚踏实，右脚提收于左脚内侧，前脚掌踏地；左臂平屈于胸前，掌心向下，掌指向前；右手向左划弧于腹前，掌心向上，掌指向后，成抱球状；眼视左手方向。（图18-2）

**教学口令** 抱球收脚。

**动作方向** 身体面向西南方。

**动作要领**

① 上体正直，双肩松沉，垂肘，双臂撑圆。

② 左掌与肩平，左肘低于左掌，右臂虚腋。

**⊗易犯错误**

① 俯身，左右歪髋。

② 双臂紧夹身体。

（图18-2）

## 动作 ③ 右穿梭

身体向右转，重心在左腿，右脚向右前方迈步，脚跟先落地；随身体转动右手划弧上举于体前，掌心侧向内，掌指向左；左手微向左下划弧至左肋侧，掌心向前，掌指向上；眼向右平视。（图18-3、18-4）

**教学口令** 转体迈步。

**动作方向** 身体面向西北方。

（图18-3）

**动作要领**

① 右脚迈出，右膝微屈，迈出方向应在右前30度左右。

② 立身中正，松肩坠肘，双臂撑圆。

**⊗易犯错误**

① 右脚迈出角度过大，重心不稳。

② 俯身突臀，耸肩。

（图18-4）

**动作 ❹ 右穿梭**

重心移至右腿，右脚全脚掌踏实，右腿屈膝慢慢向前弓出，成右弓步；左手经胸前向前推出，腕与胸平，掌指向上，掌心向前；右手翻掌向上举架起于额前上方，掌心向前，掌指向左；眼视右手方向。（图18-5、18-5正面）

**教学口令** 弓步架推。

**动作方向** 身体面向西北方。

（图18-5）

（图18-5）正面

**动作要领**

① 上体正直，腰髋松沉，松肩垂肘。

② 双臂撑圆，弓步的形成与双手推、撑动作协调完成。

**⊗易犯错误**

① 俯身突臀，重心起伏。

② 耸肩，双臂僵直，动作不协调。

### 动作⑤ 左穿梭

身体微向左转，重心移至左腿，左膝屈弓，右脚尖翘起，上体微后坐，双手开始向左右微分开，眼视左手方向。（图18-6、18-6正面）

**教学口令** 后坐跷脚。

**动作方向** 身体面向东南方。

**动作要领**

① 身体中正，腰髋松沉。

② 松肩垂肘，双臂成弧形。

（图18-6）

（图18-6）正面

**⊗易犯错误**

① 俯身突臀，左右歪髋。

② 耸肩扬肘，双臂僵直。

### 动作 ⑥ 左穿梭

身体微向右转，右脚尖微内扣，重心移至右腿，右脚全脚踏实，左脚提收于右脚内侧，前脚掌踏地；右手翻转，掌心向下，掌指向前，右臂平屈于胸前；左手向腹前下落划弧，掌心翻转向上，掌指向后，成抱球状；眼视右手方向。（图18-7、18-7正面）

**教学口令** 抱球收脚。

**动作方向** 身体面向西北方。

（图18-7）

（图18-7）正面

**动作要领**

① 上体正直，双肩松沉，垂肘，双臂撑圆。

② 右掌与肩平，右肘低于右掌，左臂虚腋。

**⊗易犯错误**

① 俯身，左右歪髋。

② 双臂紧夹身体。

### 动作 ⑦ 左穿梭

身体向左转，重心在右腿，左脚向左前方迈步，脚跟先落地，随身体转动左手划弧上举于体前，掌心侧向内，掌指向右；右手微向右下划弧至右肋侧，掌心向前，掌指向上；眼向左平视。（图18—8、18-8正面、18-9、18-9正面）

**教学口令** 转体迈步。

**动作方向** 身体面向西南方。

（图18-8）

（图18-8）正面

**动作要领**

① 左脚迈出，左膝微屈，迈出方向应在左前30度左右。

② 立身中正，松肩坠肘，双臂撑圆。

**⊗易犯错误**

① 左脚迈出角度过大，重心不稳。

② 俯身突臀，耸肩。

（图18-9）

（图18-9）正面

### 动作 8 左穿梭

重心移至左腿，左脚全脚掌踏实，左腿屈膝慢慢向前弓出，成左弓步；右手经胸前向前推出，腕与胸平，掌指向上，掌心向前；左手翻掌向上举架起于额前上方，掌心向前，掌指向右；眼视左手方向。（图18-10、18-10正面）

**教学口令** 弓步架推。

**动作方向** 身体面向西南方。

**动作要领**

① 上体正直，腰髋松沉，松肩垂肘。

② 双臂撑圆，弓步的形成与双手推、撑动作协调完成。

（图18-10）

（图18-10）正面

**⊗易犯错误**

① 俯身突臀，重心起伏。

② 耸肩，双臂僵直，动作不协调。

## 左右穿梭

**【动作诠释】**

二十四式太极拳套路中，左右穿梭是典型的以“四隅”方向（即斜向）的路线为主的连续动作。在套路练习时虽然只有左、右穿梭动作之分，但其动作要领是相同的，只是动作方向及动作过程中的具体演练方式略有不同而已。

在练习时，对于左右穿梭劲力的表现，目前有两种讲法。一种认为：“穿梭”的含义是指前臂的动作（无论左臂还是右臂为前时）在动作过程中有向前上穿架的动作含义。这一种说法比较强调“穿”的动作含义。而另一种解释为：“穿梭”，是形容向前推按的掌法动作速度之快，劲力之猛。其实两种解释并不矛盾，无论是穿架也好，还是架撑也好，都是首先起到防卫的动作意识，而向前的按推掌才是进击的动作实质，两者缺一不可。

此式动作时，首先要注意的是，身体向右转带动右脚提起向前迈出时，右脚落地的方向是关键。例如：在本套路中身体右转，右脚的落点方向应与身体向右转动的方向一致。只要明确了转体的方向，左右穿梭的动作才能正确完成。在动作过程中要注意做到立身中正，腰髋松沉，双掌的动作随腰髋的转动协调而动，手脚的动作上下相随，沉肩坠肘，双臂撑圆，圆活饱满。拳谚云：“乱环术法最难通，上下随合妙无穷。陷敌深入乱环内，四两千金着法成。手脚齐进横竖找，掌中乱环落不空。欲知环中法何在？发落点对即成功。”所以，在练习时要认真揣摩左右穿梭的动作，体会其中的奥妙。

**【技击含义】**

对方由右后向我袭来，我即转身先以右掌接迎，在向右掠带的同时，左臂由下向上撑架，将对方重心破坏，同时左脚向前上步，右掌迅速进击对方胸部，将对方击倒。

**【动作口诀】**

转体方向要准确，弓步架推意识连。

# 第十九式 海底针

（图19-1）

**动作 1**

接上式，身体微向右转，重心在左腿，右脚提起向前跟半步，微偏左落脚，前脚掌踏地，双掌同时向前微展；眼视右手方向。（图19-1）

**教学口令** 跟步调脚。

**动作方向** 身体面向西方。

**动作要领**

① 上体正直，腰髋松沉，松肩垂肘。

② 右脚跟步应微偏左，为下一动作调整成正方向而做准备。

**⊗易犯错误**

① 上体前俯突臀，重心起伏。

② 跟步位置不准确，身体左右摇晃。

（图19-2）

**动作 2**

身体向右转，右脚以前脚掌为轴，脚跟向内拧转，全脚踏实，重心移至右腿，左脚跟提起；右手向下经右髋旁向后再向上提收于右耳旁，掌心向左，掌指向前；左手经面前下落于腹前，掌心向下，掌指向右；眼视右前方。（图19-2、19-2侧面、19-3、19-3侧面）

**教学口令** 转体提手。

**动作方向** 身体面向西北方。

## 动作要领

① 右脚跟向内拧转，以45度为宜。

② 上体正直，肩放松，双臂成弧形。

③ 左右手动作与转体应协调完成。

### ⊗易犯错误

① 左右歪髋，耸肩。

② 双臂紧夹身体。

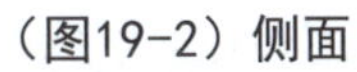

（图19-2）侧面

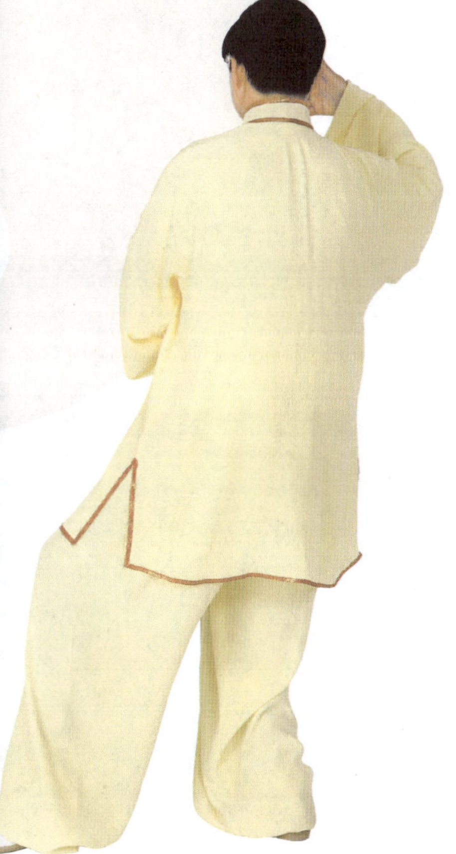

（图19-3）

（图19-3）侧面

### 动作 ③

身体向左转，重心在右腿，左脚提起，前脚掌踏地，成左虚步；右手由耳旁向前下方插掌，掌心向左，掌指朝前下方；左手由腹前经左膝前按于左大腿旁，掌心向下，掌指向前；眼视前下方。（图19-4、19-5、19-6、19-6正面）

**教学口令** 虚步插掌。

**动作方向** 身体面向西方。

**动作要领**

① 上体俯身，松肩，双肘微屈。

② 左脚成虚步时，应调整落脚点，以免出现双脚在同一直线上。

（图19-4）

（图19-5）

**⊗易犯错误**

① 上体过于前俯，重心不稳。

② 双脚在同一直线上，身体重心不稳。

（图19-6）

（图19-6）正面

## 海底针

**【动作连贯示意图】**

【动作诠释】

目前，此式动作名称在民间流传的有："海底捞针"、"海底藏针"、"海底探针"等等，但其义都是讲此式动作是低架虚步。本书采用的名称是"海底针"。

二十四式太极拳套路中，虚步步型可以归纳为三种：高架虚步，如白鹤亮翅；中架虚步，如手挥琵琶；低架虚步，如海底针。这三种虚步由于动作外形不同，支撑腿的承重自然也不一样。海底针的动作属于低架虚步，首先注重的是支撑腿的膝关节与脚的方向要一致。上下相对，是松腰沉髋要领实施的关键。前脚的承重感比其他两种虚步的承重感要大一些，身体重心的分配前四后六。因为海底针的动作上体不是直立，而是折体（即身体向前俯身）下坐，上体前俯舒展伸拔。为了保持身体的中正和稳固性，以六成的重心放在支撑腿。同时，前脚为了避免由于身体的前俯而产生的动作不稳定，所以就必然加强了前腿的支撑力，增强了承重感。以四成的力量放在前脚，绝不是单纯地追求动作外形的低架势。若采取"双重则滞"的五五分成的做法，双腿同时屈膝下蹲，或上体稍有前倾，就会弯腰驼背、耸肩缩首。只有下盘的稳固，上体的前倾不低于45度，才会保证上肢动作的自如、连贯、合顺。

随身体的转动，右掌由胸前大弧度的立圆向前下斜插掌时，要转腰顺背，舒腕力贯指尖。不要做成左掌"劈掌"和"砍掌"的错误动作。这就是传统杨式太极拳术中"钻劲"的体现。右掌向前立圆弧形的下落，为左掌的动作增加了稳定感和力度。要如拳谚所云："上欲动而下自随之，下欲动而上自领之；上下动中部应之，中部动而上下和之。内外相连，前后相需。所谓一以贯之者，其斯之谓矣！"

【技击含义】

海底针动作的技击含义具有以下几种：

①如对方用右手死握腕部下方，我即以弧形动作向前下插掌，逼其失去重心而脱手。

②如对方用右手死握腕部上方，我即以弧形动作向前下插掌，借以解脱。

③如对方用右拳向我进击，我用左掌搂开对方，用右掌直插对方裆部，以掌指戳击对方。

【动作口诀】

虚步支撑右插掌，俯身重心要稳定。

## 第二十式 闪通臂

### 动作 1

接上式，身体微向右转，重心在右腿，左脚前脚掌踏地成左虚步；左手附于右手腕内，掌心向下，掌指斜向上；眼视前方。（图20-1，20-1正面）

**教学口令** 虚步搭手。

**动作方向** 身体面向西方。

**动作要领**

①上体俯身，松肩，双肘微屈。

② 左脚成虚步时，避免双脚出现在同一直线上。

（图20-1）

（图20-1）正面

**⊗易犯错误**

① 上体过于前俯，重心不稳。

② 双脚在同一直线上，身体重心不稳。

### 动作 ❷

向右转体，重心在右腿，左脚提收于右脚内侧，前脚掌踏地；右手上提于右肩前，掌心向左，掌指向前；左手附于右手腕内，掌心向外，掌指向上；眼视右前方。（图20-2、20-2正面）

**教学口令** 收脚提手。

**动作方向** 身体面向西北方。

**动作要领**

① 立身中正，双臂撑圆，敛臀直背。

② 左脚提收，姿势保持平稳，双腿不可挺直。

（图20-2）

（图20-2）正面

**⊗易犯错误**

① 俯身突臀，直臂。

② 重心起伏，双腿僵直。

## 动作 ❸

身体微向左转，重心在右腿，左脚提起向前迈出，脚跟先着地；右手上提于面前，掌心向左，掌指向前，左手附于右手腕内，掌心向外，掌指向上；眼随体转向前平视。（图20-3、20-3正面）

**教学口令** 转体迈步。

**动作方向** 身体面向西北方。

**动作要领**

① 立身中正，双臂撑圆，敛臀直背。

② 左脚迈出，双腿不可挺直。

（图20-3）

（图20-3）正面

**⊗易犯错误**

① 俯身突臀，直臂。

② 重心起伏，双腿僵直。

## 动作 ❹

身体微向左转，重心移至左腿，左脚全脚掌踏实，左腿屈膝慢慢向前弓出，成左弓步；左手向体前推出掌心向前，掌指向上与鼻平，右手向右额前上推撑，掌心向外，掌指斜向前；眼视左手方向。（图20-4、20-4正面）

**教学口令** 弓步推撑。

**动作方向** 身体面向西北方。

**动作要领**

① 上体正直，左臂屈肘，右手向前上推撑。

② 弓步与左右手推撑动作应协调完成。

**⊗易犯错误**

① 上体前倾，双臂伸直。

② 耸肩，吊肘。

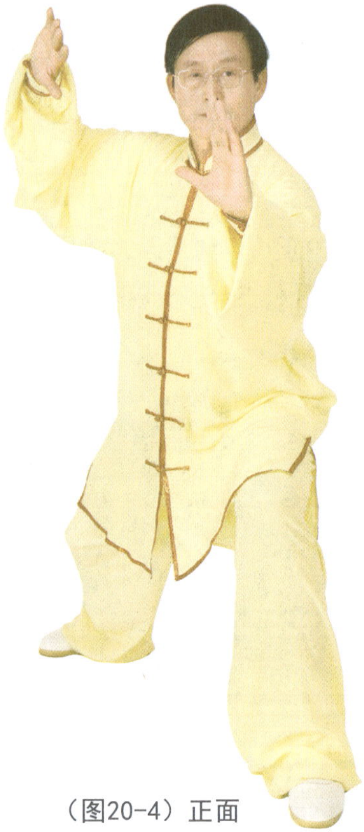

（图20-4）正面

（图20-4）

## 闪通臂

【动作连贯示意图】

【动作诠释】

此式的名称在民间流传为“闪通背”，“闪”字含有躲闪、化解、快速之意。“山同背”，是指双臂、头的动作外形如“山”字型。“扇通背”则指动作定式，背部舒拔似扇面。虽然文字不同，但其动作外形，技击含义是一样的。

当我们做闪通背分解动作①身体向右的转动时，是由低架的动作姿态恢复到身体中正的动作架势。身法的变化由腰髋的转动，带动上体向右拧转，同时右臂的上提，是传统杨式太极拳术中的劲法之一“提劲”的体现。即为提上、拔高之意。提时要借腰的拧转之势、腰腿之力，双掌随腰转动起身翻掌，就孕育着快速躲闪、化解之意。右脚迈出时，要松腰髋、顶头悬、沉肩肘、双臂撑圆，积蓄力量。做分解动作②时，腰髋沿水平位置移动，带动身体立身弓步，右腿的弓蹬之力，催动了双掌推、撑动作的完成。这一推一撑，也蕴涵着快速进击之意。推掌时左臂不可僵直，要自然撑圆。右掌的上撑要含微向后的引带劲力，是顺步撑架掌，所以身体要侧向前，为顺势。定式时，要达到势停意不断，立身中正，肩与髋、肘与膝、掌与脚形合意连。松肩沉肘、含胸拔背，将劲力贯通于腰、背、肩、臂，意撑八方。

【技击含义】

对方用拳或掌向我进击，我用右臂迎击，同时翻掌向后外引带化解使其失去重心，同时进步以左掌向对方胸肋部进击。

【动作口诀】

弓步推撑肩放松，立身松髋稳如鼎。

# 第二十一式 转身搬拦捶

**动作 1**

接上式，身体向右转，左脚尖内扣，重心移至右腿；右手向右划弧于体前，掌心向外，掌指向上与鼻平；左手向上提于右额前上方，掌心向外，掌指斜向右；眼视右手方向。（图21-1、21-1正面）

**教学口令** 扣脚转体落手。

**动作方向** 身体面向东北方。

（图21-1）

**动作要领**

① 上体保持正直，敛臀正胯，右脚尖内扣幅度大。

② 双臂撑圆，松肩垂肘。

**⊗易犯错误**

① 脚尖内扣幅度过小，转体产生“突臀”现象。

② 双臂伸直，耸肩扬肘。

（图21-1）正面

## 动作 ❷

身体微向左转，重心移至左腿，左腿屈膝，成坐步；右手向下、向左划弧于左肋前，屈臂握拳，拳心向下；左手举于左额前上方，掌心向外，掌指向右；眼视左前方。（图21-2、21-2正面）

**教学口令** 坐步握拳。

**动作方向** 身体面向西北方。

**动作要领**

① 上体正直，腰髋松沉。

② 肩放松，双臂撑圆。

（图21-2）

（图21-2）正面

**⊗易犯错误**

① 左右歪髋，重心不稳。

② 耸肩，双臂紧夹身体。

**动作 ❸**

身体向右转，重心在左腿，右脚提起向前迈出，脚跟先着地，右拳向体前翻压，拳心向上，拳与胸平；左手经右臂外落按于左髋旁，掌心向下，掌指向前；眼视右拳方向。（图21-3、21-3正面）

**教学口令** 转体搬拳。

**动作方向** 身体面向东方。

（图21-3）

（图21-3）正面

**动作要领**

① 右脚提起不点地，即刻向前迈出，脚跟先着地。

② 双臂弯曲，沉肩松肘。

**⊗易犯错误**

① 双脚在同一直线，左右歪髋，重心不稳。

② 耸肩，双臂紧夹身体。

（图21-4）

### 动作 4

身体向右转，右脚尖外展，全脚掌踏实。右腿屈膝，重心移至右腿，左脚跟提起；左手向左再向前划弧拦掌，掌心斜向右下方，掌指向上；右臂内旋，右拳向右转动拳心向下、向右平展，右臂屈于胸前；眼视右前方。（图21-4、21-4正面）

**教学口令** 转体拦掌。

**动作方向** 身体面向东南方。

**动作要领**

① 身体正直，松肩垂肘。

② 双臂成弧形，双肘微屈。

**⊗易犯错误**

① 俯身突臀，左右歪髋，重心不稳。

② 耸肩，双臂紧夹身体。

（图21-4）正面

**动作 5**

重心在右腿，左脚提收于右脚内侧，前脚掌落地；同时，左手继续向体前拦掌于身体中线，腕与肩平，掌心侧向前，掌指向上；右拳翻转向下屈臂收于右腰侧，拳心向上；眼视左手方向。（图21-5、21-5背面）

**教学口令** 收脚藏拳。

**动作方向** 身体面向东南方。

（图21-5）

（图21-5）背面

**动作要领**

① 身体中正，不可突臀，松肩垂肘，双臂成弧形。

② 拦掌、收拳应同时协调完成。

**⊗易犯错误**

① 左右歪髋，抬肘耸肩。

② 拦掌、收拳动作不协调。

## 动作 ⑥

身体微向左转，重心在右腿，左脚迈出，脚跟落地，身体重心左移，左腿屈膝向前弓出，成左弓步；随体转，右臂内旋，右拳由腰侧向前打出，拳面朝前，拳眼向上；左手收于右前臂内侧，掌心向右，掌指向上；眼看右拳方向。（图21–6、21–7、21–7正面）

**教学口令** 弓步打拳。

**动作方向** 身体面向东方。

**动作要领**

① 身体中正，腰髋松沉。

② 松肩垂肘，双臂成弧形。

（图21–6）

（图21–7）背面

（图21–7）

**⊗易犯错误**

① 重心起伏，抬肘耸肩。

② 双臂僵直。

## 转身搬拦捶

【动作连贯示意图】

【动作诠释】

转身搬拦捶的动作是传统杨式太极拳套路中五种拳法之一。

转身搬拦捶的动作是三种不同的攻防动作组合而成，这种连环手法通常又称之为“紧三拳”或“紧三捶”。

其一：分解动作，右拳由腹前向前划弧形翻打，动作过程既有防备的意思，又有以拳背攻击对方胸部的含义。左掌有向下的采按意念，同时又辅助右拳进攻。

其二：分解动作，左掌立掌向左横拦，右拳同时收于腰间，右肘向体右后侧45度方向，避免右臂紧夹身体。通过腰髋的转动，使得左掌、右拳，分别向前、后两侧平撑，但是不能挺胸背肩，要含胸拔背，以肩背的舒展将左掌、右拳有机地联系起来，使之具有弹性和韧性，是化解对方进击的有力保证。

其三：分解动作，通过身体的转动、弓步的形成，右拳以右臂旋转的动作方式向前直拳打出，右臂的旋转加强了右拳的攻击力度；同时右腿弓蹬，将脚腿的力量充实到右拳。而左掌的微向上、向右的弧形回收，也是拦截的含义，左掌落于右前臂内侧，与右腕的距离是一拳的空间，同样这个距离也是控制对方前臂长度的有利、合理位置。

搬拦捶的动作过程是连贯的、有序的。练习时，要注意身体、脚的转动方向，尤其是上下动作的协调。“转身搬拦捶”虽然是拳法的动作，演练时要体会拳谚所云：“不强用力，以心形气；步如猫行，上下相随；呼吸自然，一串成；变换在腰，气行四肢；分清虚实，圆转自如。”

【技击含义】

对方以右拳进击，我即以右拳搬压，同时以左掌还击；对方以左手接我左掌，我将对方化解，同时进步逼近对方，借转腰之势，用右脚腿之力，急以右拳击其胸、腹。

【动作口诀】

搬拳拦掌弓步捶，
动作协调意气随。

## 第二十二式 如封似闭

**动作 1**

接上式，左手翻转掌心向上由右腕下向前伸出，右拳变掌，双手掌心向上平举于体前，与肩同宽，掌指与肩同高，掌指向前；眼向前平视。（图22-1、22-1正面、22-2）

**教学口令** 弓步分手。

**动作方向** 身体面向东方。

**动作要领**

① 左手向前伸出时，应边翻掌边伸出。

② 上体正直，双臂微屈，松肩垂肘。

（图22-1）

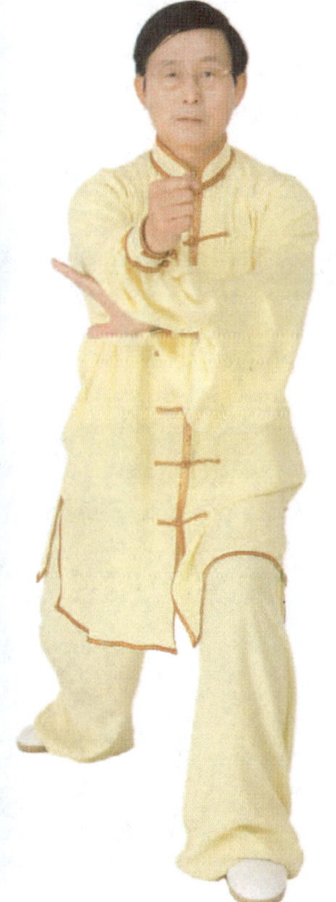

（图22-1）正面

**⊗易犯错误**

① 双肩伸直，双肘挺直。

② 俯身突臀，耸肩。

（图22-2）

## 动作 ❷

重心移至右腿，右腿屈膝，身体后坐，左脚尖翘起，成坐步；同时，两臂屈肘，双手微微外展，收到胸前；眼向前平视。（图22-3、22-3正面）

**教学口令** 跷脚收手。

**动作方向** 身体面向东方。

**动作要领**

① 身体中正，右膝关节与右脚尖同一方向。

② 腰髋松沉，双臂微屈，松肩垂肘。

（图22-3）

（图22-3）正面

**⊗易犯错误**

① 俯身突臀，右膝关节内扣。

② 重心起伏，双臂紧夹身体。

## 动作 ③

重心在右腿，成坐步，双臂内旋，边翻转掌心向下，边沿弧线经胸前落于两肋前，掌心斜向下，掌指斜向上；眼向前平视。（图22-4、22-4正面）

**教学口令** 坐步下按。

**动作方向** 身体面向东方。

**动作要领**

① 上体正直，敛臀直背，肩放松。

② 虚腋，双肘下垂，两臂撑圆。

（图22-4）

（图22-4）正面

**⊗易犯错误**

① 上体上俯，突臀。

② 扬肘，双臂紧夹身体。

### 动作 4

重心移至左腿，左脚掌全脚掌踏实，左腿屈膝慢慢向前弓出，成左弓步；双手同时向前、向上按出，掌心向前，掌指向上，腕与肩平；眼向前平视。（图22-5、22-5正面）

**教学口令** 弓步按掌。

**动作方向** 身体面向东方。

**动作要领**

① 双手向前按出，双臂与肩同宽。

② 上体正直，按掌时沉肩、垂肘、展掌、舒指。

（图22-5）

（图22-5）正面

**⊗易犯错误**

① 上体前俯，双臂挺直。

② 重心起伏，双臂僵直。

## 如封似闭

**【动作连贯示意图】**

**【动作诠释】**

如封似闭的动作可以看作是“搬拦捶”动作的劲力的延伸。动作演练时，要在松腰沉髋、沉肩垂肘的动作引导下，身体重心微微下沉；同时左臂外旋、左掌翻转与右拳前伸动作同时进行。这也就是太极拳劲法中的“长劲”。所谓“长劲”，就是劲路、意气的再延伸。尾闾中正是极其重要的，身体重心的微下沉，带动肩背的舒松，催动了右拳的前伸，力贯拳面。而左臂的动作则以前穿动作协调进行，因此左掌指不仅具有穿劲，同时左臂还具有向前的掤劲。含胸拔背的动作要领，使得双臂保持弧形，动作劲力饱满。左掌前穿，双掌前展分开成开式后，再随身体重心的后移，髋关节的水平移动，带动身体平稳位移。右腿屈膝后坐，右膝关节与右脚的方向一致，奠定了身体重心的稳固。先沉肩、再垂肘，腕关节向内旋转带动双掌指，立圆弧形向上挑起收于胸前，双腋要虚，不可紧夹身体。此时身形要立身中正，虚领顶劲，含胸拔背，松腰沉髋，气息要平稳，精神要提起。

身体重心前移时，动作外形不可有起伏，身体要保持立身位移。以右腿之力缓慢将身体重心移向左腿，变作左弓步。同时随身体重心前移，双臂微内旋向下旋腕，翻转掌心侧向下。松肩垂肘、虚腋，此时以转臂旋腕的动作继续将外力化解。然后双掌再沿弧形路线向前展臂推出，双掌前推时要保持在肩宽的范围内。掌指向上与鼻平，顺腕舒指，腕部不可向前坐腕用力，手指与肩要保持在圆活、自然的状态。同时，身体重心随向前展臂前推动作，以“虚领顶劲”之意、脚蹬之力，将身体重心前移。含胸拔背、坐腰、掌心内含，意念贯注十指，才能达到拳谚所云：“太极之武事，外操柔软，内含坚刚。而求柔软之于外，久而久之，自得内之坚刚。非有心之坚刚，实有心之柔软也。”

**【技击含义】**

对方用左掌推我右拳或右肘时，我即以左掌由右臂下穿出接其左腕，掤住对方来势，顺其势微后引带化解，以动其重心，顺势抽出右掌按其臂膀，然后以双掌进击。

**【动作口诀】**

沉肩垂肘松腰髋，
圆活饱满臂撑圆。

## 第二十三式 十字手

### 动作 1

接上式，身体向右转，身体重心右移，右腿屈膝后坐，左脚尖内扣，双手向左右平展，腕与肩平，掌心向前，掌指向上，眼视右手方向。（图23-1）

**教学口令** 扣脚转体分手。

**动作方向** 身体面向南方。

**动作要领**

① 左脚尖内扣，角度以90度为宜。
② 上体正直，双臂撑圆，松肩垂肘。

**⊗易犯错误**

① 俯身突臀，双臂挺直。
② 身体重心起伏，挺身。

（图23-1）

### 动作 2

身体继续向右转，右脚尖外展，重心移至右腿，右腿屈弓，成右侧弓步；右手随身体转动继续向右平摆划弧，与左手成两臂侧平举，腕与肩平，双掌心向前，掌指向体两侧；眼视右手方向。（图23-2）

**教学口令** 弓步分手。

**动作方向** 身体面向西南方。

**动作要领**

① 右脚尖外展，角度以45度～60度为宜。
② 上体正直，双臂微屈，松肩垂肘。

**⊗易犯错误**

① 上体前俯，双臂挺直。
② 转体方向与右脚尖外展方向不一致。

（图23-2）

**动作 3**

身体微向左转体，重心移至左腿，右脚尖内扣；双手从身体两侧开始向腹前划弧，双掌心向上，掌指向左右侧；眼视右手方向。（图23-3）

**教学口令** 转体合抱。

**动作方向** 身体面向南方。

**动作要领**

① 立身中正，腰髋松沉。

② 松肩垂肘，双臂撑圆。

**⊗易犯错误**

① 俯身突臀，双腿直立。

② 耸肩，双臂僵直。

（图23-3）

### 动作 4

重心在左腿，右脚轻提向左收回，双脚与肩同宽；脚尖向前成开立步，身体慢慢直立，双手经腹前向上划弧，交叉合抱于胸前；右手在外，掌心均向内，腕与肩平，双掌指斜向上；眼视前方。（图23-4、23-5）

**教学口令** 收脚举手。

**动作方向** 身体面向南方。

（图23-4）

**动作要领**

① 立身中正，腰髋松沉。

② 松肩垂肘，双臂撑圆。

**⊗易犯错误**

① 俯身突臀，挺髋。

② 耸肩扬肘，双臂紧夹身体。

（图23-5）

## 十字手

**【动作连贯示意图】**

**【动作诠释】**

由于此式的动作外形如“十字”，故名十字手。

十字手的动作看似简单，但却包含了劲力的变化、重心的移动、步法的转变等诸要素。而这些动作都是以腰、髋的转动来协调进行。身体右转，左脚内扣90度，右脚外展45度，腰髋转动带动左脚内扣、右脚外展。此时，双掌随腰动以“引带劲”向左右平分划弧。特别提出的是，做以上动作时身体重心要稳固，不可上下起伏。身体继续右转时，重心随之移于右腿，成右侧弓步；向两侧平分划弧与髋平时，意贯双臂下侧及双掌外缘是“沉劲”。松肩沉肘，气息下沉，双臂有下坠、松沉之意。“沉劲”在太极拳术中起到了极其重要的作用，往往许多发力都是先伴有“沉劲”，破解对方来势再随机而变。身体左转，右脚内扣45度，此时双脚平行，同时身体重心已移于左腿，双掌继续向下划弧，于腹前交叉合抱为“掤劲”。重心于左腿，右脚先前脚掌微蹬地，顺势回收，前脚掌先踏地，再全脚掌踏实，双脚距离与肩同宽，随身体重心的提起，双腿缓慢直立。双掌上提合抱于面前为“上掤”。无论“上掤”还是“下掤”，劲力都要意贯双臂外侧，双臂圆抱，气势饱满。身形要保持立身中正，含胸拔背、垂肩沉肘、松腰沉髋，劲由足下起，由脚而腿、而腰、而指，“要从梢节起、中节随，跟节催之而已。此固分而言之，若合而言之，则上至头顶，下至足底，四肢百骸，总为一节”。所以“十字手”的动作要连绵不断，动作之间要合顺、柔和，劲力要饱满，虚实要分明，一气呵成。所以此式劲力变化无常，可掤可按，可掤可捋，可靠可肘，直来横引，斜来身旋。

**【技击含义】**

对方双手进击我面部，我以双掌将对方双手分撑开，破坏其来势。如对方进击我腹部，我以下掤接其来势，趁对方回收之时，我顺势用合掤将对方合劲送出。

**【技击含义】**

扣脚转体两分掌，立身合掌肩腰松。

# 第二十四式 收势

（图24-1）

**动作 1**

接上式，身体直立，双手前撑向前翻掌分开，双掌心向下与肩平，眼向前平视。（图24-1）

**教学口令** 两臂平举。

**动作方向** 身体面向南方。

**动作要领**

① 身体中正，两肩松沉，双肘松垂。

② 双臂距离与肩同宽。

**⊗易犯错误**

① 俯身突臀，双臂挺直。

② 耸肩，双腿挺直。

（图24-2）

**动作 2**

身体直立，两臂慢慢下落于两髋侧，上体正直，成开立步，眼向前平视。（图24-2、24-3）

**教学口令** 起身落手。

**动作方向** 身体面向南方。

**动作要领**

① 头正直，下颌微收，手指微屈。

② 立身中正，精神集中。

（图24-3）

⊗易犯错误

① 身体前俯，后仰。

② 耸肩，直臂。

## 动作 3

重心在右腿，左脚提收于右脚内侧，双脚尖向前，成并立步；双手掌心向内，轻贴于腿两侧；眼向前平视。（图24-4）

**教学口令** 收脚直立。

**动作方向** 身体面向南方。

**动作要领**

① 头正直，下颌微收。

② 立身中正，精神集中。

（图24-4）

⊗易犯错误

① 上体不正，双肩耸起。

② 挺胸突臀，双腋紧夹身体。

## 收势

**【动作连贯示意图】**

**【动作诠释】**

预备式主要强调的是“自然”两字，同样收势动作再一次强调的仍是“自然”两字。身体自然直立，双脚自然并拢，双臂自然下垂，动作外形自然放松、舒展，必然导致呼吸的自然放松，身体不偏不倚，虚领顶劲，眼向前平视，下颌微收，口微开；松肩、虚腋，双臂自然撑圆，双掌指轻贴双腿外侧，含胸拔背，腰髋松沉；气沉丹田，收腹敛臀，双膝微屈，神态安详，使自己处于一个内在的精神和外形的姿态都平和的自然状态。要如拳谚所云：“先在心，后在身。腹松，气敛入骨，神舒体静，刻刻存心。切记一动无有不动，一静无有不静。视静犹动，视动犹静。动牵往来气贴背，敛入脊骨。要静。内固精神，外示安逸。”

**【技击含义】**

对方以双峰贯耳向我进击，我则双臂从内向上抬起处分化解其力，顺势两手采拿其腕后引致其失去重心。

**【动作口诀】**

立身中正并立步，神态安详意气舒。

图书在版编目（CIP）数据

看视频学太极. 二十四式太极拳 / 崔仲三编著. --青岛 : 青岛出版社, 2018.4

ISBN 978-7-5552-6928-1

Ⅰ.①看… Ⅱ.①崔… Ⅲ.①太极拳—基本知识 Ⅳ.①G852

中国版本图书馆CIP数据核字(2018)第076446号

书　　名　看视频学太极：二十四式太极拳

编著演示　崔仲三　E-Mail：cuizs@sina.com

出版发行　青岛出版社

社　　址　青岛市崂山区海尔路182号（266061）

本社网址　http://www.qdpub.com

策划组稿　张化新

责任编辑　王　宁

摄　　影　刘志刚

装帧制作　殷雪娇　毕小郁

制　　版　青岛艺鑫制版印刷有限公司

印　　刷　青岛新华印刷有限公司

出版日期　2018年5月第1版　2019年2月第3次印刷

开　　本　16开（715毫米×1010毫米）

印　　张　12

图　　数　196

字　　数　100千

书　　号　ISBN 978-7-5552-6928-1

定　　价　29.80 元

编校质量、盗版监督服务电话　4006532017

（青岛版图书售出后如发现印装质量问题，请寄回青岛出版社印刷物资处调换。

电话：0532-68068638）

本书建议陈列类别：生活类　体育类